Inhalt

Vorwort

I. Eine erste Begegnung mit dem Islam
Gina Ruck-Pauquét: Johannes und Abdul 4
Cornelia B., befreundet mit einem Türken 6
Gespräch mit einer in Deutschland lebenden Muslimin 8

II. Nähere Betrachtung des Islam
1. Das Erscheinungsbild
Die heutige Verbreitung des Islam 11
Die Moschee 12
Das Jahr in der muslimischen Gemeinschaft
(Kalender/Feiertage) 14
Der Fastenmonat Ramadan 16
Das Fest des Fastenbrechens 17
Religiöse Feste im Leben eines Muslim
Beschneidungsfest 18
Die Pilgerfahrt nach Mekka 18
2. Die Entstehung des Islam
Die Offenbarung 20
Das Leben Muhammads (Mohammeds) 21
3. Zur Geschichte des Islam
Die Ausbreitung des Islam 24
Zur Spaltung des Islam in Sunniten und Schiiten 26
Der Islam heute 28
4. Die Grundpositionen des Islam
Was ist der Islam?
Aus einem Religionsbuch für moslemische Kinder 29
Anleitung zum rechten Glauben und Leben durch den Koran 29
Der Koran – das Buch Gottes 30
Das Glaubensbekenntnis eines gläubigen Muslims 32
Die Fünf Grundpfeiler des Islam 34
Das Gebet 34

III. Der ethische Beitrag des Islam
Die Gebote des Koran 37
Anleitung zum rechten Verhalten durch den Koran 37
Gut und Böse 38
Muslimische Erziehung 39
Zusammenleben und Gastfreundschaft 42
Schutz des Lebens und Abtreibung 43
Sexualität im islamischen Verständnis 44
Nutzung und Bewahrung der Schöpfung 44
Zum islamischen Verständnis von Arbeit 45
Krieg und Frieden 46

IV. Aktuelle Ausformungen, Ausstrahlungen, Probleme
1. Diskussion um den Schleier und die Stellung der Frau im Islam
Regine Schlett: Flucht aus dem Schleier 48
Rabeah Yalniz: Plädoyer für den Schleier 50
Sibylle Thelen: Erfahrungen deutscher Frauen,
die zum Islam konvertierten 53
2. Islamische Politik
„Der Koran ist unser Programm".
Wie der politische Islam die moslemischen Nationen aufwühlt 55
Aus der Verfassung der Islamischen Republik Iran 56
Einheit von Religion und Politik im Islam.
Eine Erklärung des Islamischen Zentrums in Hamburg 57
Hamdy Mahmoud Azzam:
Ein eigenständiges islamisches Modell der Politik? 59

Glossar 61

Vorwort

Zur „REIHE WELTRELIGIONEN" innerhalb der LESEHEFTE ETHIK

Die großen Religionen der Welt haben nach wie vor einen bedeutenden Einfluß auf das Denken und Handeln ganzer Kulturkreise. Unabhängig davon, ob wir selbst an eine dieser Religionen glauben oder nicht, haben sie damit auch Auswirkungen auf uns, die wir in diesen Kulturkreisen leben. Von daher ist es unerläßlich, daß wir uns über sie informieren und uns mit ihnen auseinandersetzen. Diesem Zweck soll die REIHE WELTRELIGIONEN innerhalb der LESEHEFTE ETHIK dienen.

Im Hinblick auf den weltanschaulich neutralen Ansatz des Ethikunterrichts soll dabei weder Werbung für eine der Religionen betrieben noch die Kritik an ihr in den Mittelpunkt gestellt werden. Vielmehr soll fachlich informiert und ein Gespräch ermöglicht werden. Zu einer sachlichen Darstellung gehört es, daß man die Religion durch ihre Vertreter selbst zu Wort kommen läßt, die Begründungen und Positionen der Religion zur Kenntnis nimmt und nicht vorschnell von außen urteilt und aburteilt. Um dies zu gewährleisten, stammen zahlreiche der Texte in den Heften von Vertretern der jeweiligen Religionen selbst; zur Anregung der Diskussion sind diesen Texten andere Texte von außenstehenden Kennern der Religion beigegeben, die einen anderen Blickwinkel eröffnen.

Um Vergleiche zwischen den Religionen zu ermöglichen und zu erleichtern, haben alle Hefte der REIHE WELTRELIGIONEN weitgehend einen parallelen Aufbau: Nach einem Einführungskapitel, das einige Schlaglichter auf die betreffende Religion zu werfen versucht, folgt im 2. Kapitel eine ausführliche religionskundliche Darstellung, in der die Verbreitung, das Erscheinungsbild, die Feste und Riten, die Entstehung, die Geschichte und die Grundpositionen der Religion dokumentiert werden. Das 3. Kapitel fragt sodann nach der ethischen Lehre der Religion und ihrem Beitrag zu den drängendsten Fragen der Menschheit: Lebensgestaltung, Zusammenleben, Bewahrung der Schöpfung, Krieg und Frieden. Abgeschlossen werden die Hefte durch ein Kapitel, das besondere Aktivitäten, Ausstrahlungen und Probleme der jeweiligen Religion zur Diskussion stellt.

Zum vorliegenden Heft ISLAM

Der Islam ist mit rund 850 Millionen Anhängern nach dem in viele Kirchen zersplitterten Christentum die zweitgrößte Religion der Welt. In Westeuropa leben derzeit rund sechseinhalb Millionen Moslems, in ganz Europa über dreißig Millionen. Von den etwa zwei Millionen in Deutschland lebenden Moslems – das sind knapp drei Prozent der Bevölkerung – sind schätzungsweise 95% Sunniten und fünf Prozent Shiiten. In Westdeutschland gibt es mehr als 1200 Moscheen. – Hinter diesen nüchternen Zahlen stehen natürlich Fragen des menschlichen Zusammenlebens und auch Probleme. 1973 stellte der ehemalige Imam von Berlin, Mohammad Aman Hobohm, fest: „Die moslemischen Kinder wachsen unter Christen und Atheisten heran ohne jegliche religiöse Führung oder Erziehung." Viele hier lebende gläubige Moslems befürchten, daß ihre Kinder durch die bei uns gängigen Wertvorstellungen ihrem Glauben entfremdet werden, und versuchen, dem entgegenzusteuern. Hätten Menschen, die westeuropäischen (christlichen, humanistischen, sozialistischen o. a.) Wertvorstellungen anhängen, nicht dieselben Ängste, wenn sie ihre Kinder in einer fremden Kultur aufwachsen sähen; würden sie nicht ebenfalls vieles „bewahren" wollen?

In den traditionell islamischen Ländern versucht der Islam seine mächtige Stellung zu bewahren oder zu erneuern. Gleichzeitig zeigt sich seit Ende der siebziger Jahre, daß sich immer mehr Menschen dem Islam zuwenden, besonders in Entwicklungsländern, die die „westlichen" Ideen jahrzehntelang freiwillig oder auch erzwungenermaßen „kopiert" haben. Was macht den Islam für sie so attraktiv?

Ohne Kenntnisse über den Glauben, das Denken und das Leben der Moslems werden wir keine der sich stellenden Fragen beantworten, keines der entstehenden Probleme lösen können; ohne sie werden unsere Ansichten und Handlungen von Vorurteilen und Angst bestimmt sein. Das Heft versucht deshalb diese Kenntnisse zu vermitteln.

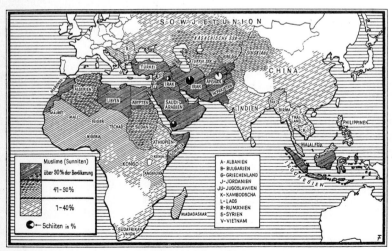

Ausbreitung des Islams im 20. Jahrhundert

I. Eine erste Begegnung mit dem Islam

Gina Ruck-Pauquét: Johannes und Abdul

Der Johannes ist also Maurerlehrling geworden. Er mag das, morgens in aller Frühe zum Bau fahren, fröstelnd und klamm. Und wenn dann die Sonne kommt, und wie er bei der Bewegung langsam warm wird.
Ihm ist das vertraut. Auch der Geruch, den der Polier ausatmet, der Geruch nach Schnaps von gestern. Und dem Gesellen, dem Henner Paul, dem sieht der Johannes an, wie er gelaunt ist, und er weiß sich entsprechend zu verhalten.
Das ist alles gewissermaßen klar, einsehbar. Das sind ein paar, wenige Muster, nach denen sich die Tage gestalten. Gute Tage, schlechte Tage. Bis Abdul kommt.
An einem regnerischen Morgen kommt Abdul. Er steht da mit einem Papier in der Hand, so alt wie Johannes etwa, dünn, dunkelhaarig, fremd. Abdul könnte ein Prinz aus einem Märchen sein, das Johannes mal im Fernsehen gesehen hat. Wenn man sich die graue Hose mit dem zu weiten Hintern wegdenkt.
Der Chef bringt ihn zu ihnen hinauf aufs Gerüst: Der Neue. Türke und so. Johannes und Abdul sehen sich an. Sanfter Blick, doch schon ein bißchen wachsam. So könnte ich aussehen, denkt Johannes. Wenn ich keinen Spiegel gekannt hätte, würde ich denken, daß ich es bin. Er grinst dem Türken zu. Kann man sich denn so fühlen, wie ein anderer aussieht? Und ist es dann ein Zufall?
„Hol Bier", sagten sie.
Zuerst gibt Johannes Abdul noch den Eimer für Mörtel. Abdul lächelt und legt los. Kräftige Hände hat er. Und er ist flink.
Er bleibt auch flink. Manchmal arbeiten sie nebeneinander in den folgenden Tagen, nicken sich hin und wieder zu, schweigen. Einmal platzt Abduls Hemd im Rücken, da lachen sie, können nicht wieder aufhören, werden albern. Abdul tanzt herum, mit flatternden Hemdenfetzenflügeln.
Abends im Bett stellt Johannes sich vor, daß er Abdul erzählt, was er weiß. Vom Jupiter, von der Venus und vom Mars, auf dem es Sommer und Winter gibt. Sie sitzen auf einem Bretterstapel in der Sonne, Johannes erzählt, und Abdul hört ihm zu. Und daß er die Sprache nicht versteht, das ist überhaupt kein Hindernis.
„Ist'n guter Junge, der Türke", sagte der Polier über ein Mauerstück hinweg und schneuzt sich die Nase.
„Ja", sagt Johannes. „Der ist ganz prima, der Abdul, der..."
Und er hält inne unter dem erstaunten Blick des alten Mannes. So viel muß man nicht sprechen.
Dafür nimmt er sich was vor. Es ist doch so, daß man zeigen muß, wenn man einen mag, nicht wahr? Wie soll er es sonst wissen. Als es zwölf geschlagen hat, sitzt Johannes mit Abdul auf einem Bretterstapel in der Sonne. Wie in seinem Traum. Nur daß Johannes nicht spricht. Er nimmt sein Messer und schneidet die Wurst in der Mitte durch. Es ist die gute, fette Schweine-Mettwurst, die er nur einmal in der Woche mitkriegt. Da schenkt er die eine Hälfte Abdul.
„Da", sagt er. Und Abdul sagt „Danke." Das hat er schon gelernt.
Gleich darauf will der Polier wieder sein Bier haben, und der Henner Paul schreit nach Zigaretten.
Als Johannes zurückkommt, ist alles in Ordnung. Es ist alles in Ordnung, bis er mal muß und hinter den Bau geht, dahin, wo sie alle pinkeln. Da liegt nämlich

die Wurst. Die gute, fette Mettwurst, die Johannes Abdul gegeben hat. Das ganze Stück liegt da. Es ist unberührt.
Natürlich sagt Johannes nichts. Was soll er auch sagen und wie? Zuerst tut es verdammt weh, und dann baut er sich eine Wut auf, weil er es so besser ertragen kann. Was hat er denn auch hineingeträumt in diesen Türkenbengel, der eine gute Wurst wegwirft und alles, was dran hängt? Was Johannes sich gedacht hat dazu.
Er geht Abdul aus dem Weg. Das läuft so einen Tag, zwei Tage. Möglich, daß die anderen was merken. Der Abdul merkt es jedenfalls auch. Schaut ihn an mit Furcht in den Augen, als ob er fürchtet, daß ihm der Johannes einen Ziegelstein nachwirft oder so. „Ist was?" fragt der Polier endlich zwischen zwei Schlucken. „Hast was mit'm Türken?"
Und da rutscht es aus Johannes raus. Die ganze Wurstgeschichte sagt er da in das blasse, kerbige Gesicht des Alten hin. Der wischt sich mit dem Handrücken die Lippen.
„Das ist doch so", sagt er, „die sind Mohammedaner, und die essen kein Schweinefleisch. Verboten", sagt er. „Verstehst du?"
Johannes nickt. Er versteht, ist bestürzt, schämt sich. Gleichzeitig aber ist er froh. Abdul hat nichts Böses getan, hat nicht diesen winzigen Beginn einer möglichen Freundschaft verraten. Er hat die Wurst doch nicht essen dürfen. Er hat sie hinter den Bau gelegt, weil sie da vielleicht ein Hund finden würde. Er hat es Johannes ja nicht sagen können. Er hat die Wörter nicht gewußt. Immer wieder war es diese Unfähigkeit, mit Wörtern zu hantieren, die die Dinge in die falsche Richtung steuerte.
Johannes sucht Abdul.
„Ich weiß es nicht", sagt der Henner Paul. „Schau mal lieber nach", sagt er, „der Wasserschlauch ist undicht."
„Sofort", sagt Johannes, läuft rum und sucht.
Dann findet er Abdul im Keller. Johannes bleibt in einigem Abstand stehen, wagt kaum zu atmen. Das ist ihm klar, daß Abdul betet. Er hat sich auf den rauhen Boden hingeworfen, nicht nur auf die Knie, nein, auch die Arme und die Stirn sind auf den Zement gedrückt.
So kennt Johannes das Beten nicht. Sie sind katholisch, da ist das anders. Er schaut Abdul an, der ihn nicht bemerkt. Da liegt er im Keller eines fremden Hauses in einem fremden Land und betet zu seinem Gott. Wie konnte ich mich in ihm sehen? denkt Johannes. In ihm, der so anders ist, und der sogar einen anderen Gott hat? Dann aber fällt ihm ein, daß es nur einen Gott gibt. Einen Gott für alle. Für Abdul und für ihn.
Auf Zehenspitzen verläßt er den Keller.
„Wo ist der Türke?" ruft der Henner Paul.
„Kommt gleich", sagt Johannes.
Dann macht er sich daran, den Wasserschlauch zu reparieren.

Aus: D. Steinwende u. a. (Hg.): „Vorlesebuch Religion 3". Ernst Kaufmann-Verlag, Lahr, 1977 (gekürzt).

▷ Was an Abduls Verhalten wirkt auf Johannes fremd?
▷ Gibt es etwas, was umgekehrt fremd auf Abdul wirkt?
▷ Gehen die beiden richtig miteinander um?

Betender Muslim in seiner Duisburger Wohnung

Cornelia B., befreundet mit einem Türken

Ich bin 15 Jahre alt und seit zehn Monaten mit einem 18jährigen Türken befreundet. […] Früher habe ich mir immer gewünscht, daß mich ein Junge in den Arm nimmt. Mein früherer Freund, ein Deutscher, hat das nie getan. Der wäre gar nicht auf die Idee gekommen. Mein jetziger Freund umarmt mich häufig. Er bringt mich jeden Abend nach Hause. Das wäre meinem alten Freund auch nie eingefallen. Ich muß ehrlich sagen, daß mich Deutsche schon schlechter behandelt haben. Mein deutscher Freund hat mich öfter geschlagen, das würde mein türkischer Freund nicht machen. So schön wie jetzt, ist es eigentlich noch nie vorher mit einem Jungen gewesen.
Leider ist er in der Türkei mit einem anderen Mädchen verlobt. Eine Trennung von ihr ist schwer, weil die Verwandten beleidigt sein könnten. Außerdem würden seine Eltern das auch gar nicht akzeptieren. Nach einem Monat hatten wir deshalb ziemlichen Krach. Ich sagte zu ihm: „Du, hör zu, ich kann so nicht leben und möchte es auch gar nicht. Ich mache Schluß." Er reagierte ganz komisch. „Das ist mir egal", sagte er. „Ach, so ist das", antwortete ich. Nach ein paar Tagen war jedoch alles wieder in Ordnung. Ich ging hin und sagte zu ihm: „Ich möchte doch so leben mit dir. Ich will bei dir bleiben." Streit kommt vor zwischen uns, aber wir vertragen uns auch schnell wieder. Ich glaube, daß es für Ausländer schwerer ist, ein Mädchen zu verstehen. Viele sind ganz anders aufgewachsen. Mein Freund ist nicht so wie andere Türken, die ich kenne. Er erteilt keine Befehle. Wenn ich kommen möchte, gehe ich zu ihm hin. Er kommt genauso zu mir. Aber er sagt auch manchmal: „Komm, wir gehen jetzt." Aber dann habe ich meistens auch keine Lust mehr, im Jugendhaus herumzusitzen. Ich kann gar nicht erklären, warum das so ist. […]
Meine Eltern wußten in den ersten Monaten überhaupt nichts von unserer

Freundschaft. Ich erzählte aber öfter meiner Mutter, daß ich hier und dort war und mit welchen Leuten ich zusammen bin. Sie sagte das meinem Vater weiter. Dann ging das Theater bei uns los. Meine Eltern wollten nicht, daß ich Kontakt zu Ausländern habe. Ich bekam das Verbot, ins Jugendhaus zu gehen. Mein Vater sagte zu mir: „Du kommst mir nicht mit einem Ausländer ins Haus." Ich war sehr traurig, als dieser Krach bei uns zu Hause war. Zu dem Zeitpunkt hatte ich auch gerade Ärger mit meinem Freund. Meine Mutter versuchte mich zu überreden: „Komm, mach Schluß mit ihm." Ich sagte: „Ja, ist in Ordnung." Ich erzählte meinen Eltern, daß ich nicht mehr mit ihm zusammen bin. Später vertrug ich mich wieder mit meinem Freund, aber das verschwieg ich zu Hause. [...]
Als meine Klassenkameraden hörten, daß ich einen türkischen Freund habe, bekam ich deutliche Ablehnung zu spüren. Mein Exfreund sagte abfällig: „Mit 'nem Kanacker geht sie." Er hetzte die ganze Klasse gegen mich auf. Ständig hieß es: „Bist du immer noch mit dem Kanacker zusammen?" Sie erzählten dauernd Witze über die Türken, wenn ich dabei war. Ich tat so, als würde mich das nicht stören, aber es machte mir natürlich doch was aus. Sie meinten zu mir: „Du kannst wohl nur mit Ausländern gehen." Ich sagte: „Ihr könnt mich mal. Laßt mich doch in Frieden." Mit einem Jungen aus meiner Klasse legte ich mich einmal an. Er machte mich an und sagte zu mir: „Du Knoblauchfresser." Da ging ich auf ihn los und klatschte ihm eine. Er schlug zurück und wir prügelten uns. Ich ließ mir nichts gefallen, denn vor Jungen habe ich keine Angst. Früher habe ich mich häufig mit ihnen geschlagen. Die anderen Schüler gingen dann dazwischen. Mich belastet das alles sehr, aber ich versuche immer die Probleme von mir wegzudrängen. Wichtig ist für mich, daß ich meinen Freund liebe. Inzwischen sagen die anderen nicht mehr viel. Ich bemühe mich, ihnen die Vorurteile ein bißchen zu nehmen, aber mit wenig Erfolg. Es heißt immer noch: „Na, wie geht es deinem Kanacker." Mir ist das mittlerweile egal. Ich bin die einzige in unserer Klasse, die einen ausländischen Freund hat. Freundinnen, die nicht in meiner Klasse sind, akzeptieren mich. Meine beste Freundin ist auch mit einem Türken zusammen. [...]
Für ihn ist unsere Liebe kein Spiel, sondern eine todernste Sache. Ihn interessiert nur unsere Zukunft. Seit der Zeit, seit der ich mit ihm zusammen bin, versuche ich auch, türkisch zu lernen. Jetzt habe ich das schon ein bißchen heraus, weil ich immer zuhöre. Seine türkischen Freunde akzeptieren mich. Sie fragen meinen Freund oft: „Na, wo ist denn deine Frau?" Es gibt aber auch welche bei uns im Jugendhaus, die versuchen sich an mich heranzumachen, obwohl sie wissen, daß ich das nicht mag. Dann wird mein Freund furchtbar sauer auf diese Leute.
In den Ferien war er fünf Wochen in der Türkei. Er wollte nicht, daß ich in dieser Zeit von zu Hause weggehe. Ich sollte nicht ins Jugendhaus, nirgendwohin. Er ist eifersüchtig, aber er gibt das nicht zu. Er will nicht, daß mich ein anderer Junge anfaßt. Ich blieb auch tatsächlich zu Hause. In der ersten Woche saß ich nur herum und dachte ständig an ihn. Ab und zu half ich bei meinen Eltern im Geschäft mit. Die restliche Zeit verbrachte ich in unserem Garten, um niemanden zu sehen. Ich konnte die Zeit kaum abwarten, bis er wieder in Deutschland war. Als wir uns wiedersahen, fiel mir gleich auf, daß er sich verändert hatte. Er war ernsthafter und nicht mehr so schüchtern. Ich nehme an, daß der Grund dafür die Verlobte in der Türkei ist.
Das ist es ja, was mich so belastet. Wenn seine Eltern wüßten, daß er mit mir zusammen ist, würden sie ihn sofort in die Türkei schicken. Meine Mutter sagte

aber, daß sie helfen will, wo sie nur kann. Das Beste wäre für uns, wenn seine Verlobte Schluß machen würde. Mein Freund wagt das nicht. [...]
Es wird sicher nicht so ganz einfach für mich sein, mit den anderen Sitten zurechtzukommen, aber ich habe keine Angst davor. Mein Freund meint: „Schleier kommt nicht in Frage. Das gibt es bei mir nicht."
Mich belastet das Ganze seelisch doch, aber ich versuche alles, was in meiner Macht steht. Manchmal wachsen mir allerdings die Probleme über den Kopf. Dann gehe ich abends nach Hause, überlege mir alles noch einmal und höre dabei türkische Musik. Aber ich habe ja meinen Freund. An ihm halte ich mich fest. Wenn ich ihn nicht hätte, würde ich bestimmt zugrunde gehen. Das habe ich gemerkt, als er fünf Wochen in der Türkei war.

Aus: Katja Perlet (Hrsg.), Ich liebe einen Ausländer. Buntbuch-Verlag, Hamburg 1983, S. 65–70.

▷ Was für Schwierigkeiten könnten zwischen Partnern aus Islam und unserer westlichen Kultur entstehen?

Türkische Familie in Essen

Gespräch mit einer in Deutschland lebenden Muslimin

Frage: *„Birten, wie alt bist du?"*
Birten: *„Ich bin 17 Jahre alt."*
Frage: *„Seit wann bist du in der Bundesrepublik?"*
Birten: *„Ich bin seit acht Jahren hier in Deutschland."*
Frage: *„Und zu welcher Schule gehst du?"*
Birten: *„Ich befinde mich zur Zeit im Aufbaugymnasium in der 11. Klasse."*
Frage: *„Was macht dein Vater?"*
Birten: *„Mein Vater, der ist zur Zeit arbeitslos, weil in dessen Firma wurde Arbeitskrise, und darum wurde zu meinem Vater Kündigung gegeben."*
Frage: *„Was hat er vorher gemacht?"*
Birten: *„Maschinenarbeiter war er."*
Frage: *„Arbeitet deine Mutter?"*
Birten: *„Ja, die arbeitet in Papierfabrik ‚Gesellschaft für Werbung'. Die arbeitet seit vier Jahren. Davor hat sie nicht gearbeitet. Die mußte ihre Enkel versorgen."*

Frage: „Wieviel Geschwister hast du?"
Birten: „Wir sind eigentlich sechs Geschwister, zwei Jungs und vier Mädchen. Meine zwei Brüder sind verheiratet, meine größere Schwester auch."
Frage: „Warum trägst du das Kopftuch?"
Birten: „Das ist eigentlich nicht schwere, auch leichte Frage, die Sie gerade gefragt haben. Ich trage nur deswegen, weil's im Koran steht. Ich bin Mohammedaner, und die Mohammedaner müssen eigentlich Kopftuch tragen. Ich richte mich nach Koran, obwohl ich nicht alles tun kann, was im Koran steht. Aber ich versuche, wie in Koran gesagt wird. Ich fühle mich auch pflichtig, die Pflichten in Koran zu machen."
Frage: „Ist das dein eigener Wille oder ist das der Wille deiner Eltern?"
Birten: „Nein, für meine Eltern bestimmt nicht. Das ist meine Wille."
Frage: „Haben deine Eltern dich beeinflußt, nach den Gesetzen der Religion zu leben, oder waren es andere Einflüsse?"
Birten: „Es ist normalerweise in unserem Haus, es ist – seit vielen Jahren, herrscht die Religion. Obwohl wir nicht alles tun, was die Religion sagt. Aber bei den – zum Beispiel bei den Erziehungsweisen, Moral, alles befand sich in unserem Haus. Und das nur diese Grund war, wir könnten nicht alles tun, was die Religion gesagt hat."
Frage: „Es gibt ein Wort, was die Ehre der türkischen oder islamischen Frau beschreibt. Man nennt es Namuz. Was verstehst du darunter? Was verstehst du unter die Ehre der Frau?"
Birten: „Die Ehre der Frau – zum Beispiel eine Frau muß alles tun, was der Mann will. Und in der Familie ist es so, daß die Frau den Mann verstehen muß, und der Mann seine Frau verstehen muß. Und die Frau muß nicht alles tun, ohne den Mann gefragt zu haben. Sogar, sie kann nicht zu ihrem Nachbarn gehen, bevor sie nicht gefragt hat den Mann."
Frage: „Und das findest du richtig?"
Birten: „Ja, ich finde das richtig."
Frage: „Was macht sonst eine gute muslimische Frau aus?"
Birten: „Die muß eigentlich für die Sauberkeit besorgen. Also sie muß Haushalt ganz gut führen und mit dem Geld, das der Mann verdient hat, damit gut auskommen und den Kindern gute Erziehung beibringen. Und bevor man heiratet, ist es so bei den Mohammedaner, daß sie eigentlich Jungfrau sein müssen. Sonst nimmt keiner sie zur Frau."
Frage: „Was hat dich dazu gebracht, so religiös zu leben? Es ist nicht nur eine Frage des Kopftuchs, sondern nach den Gesetzen der Religion zu leben. War das der Einfluß deiner Eltern oder waren's andere Einflüsse? Vom Korankursus? Du besuchst zum Beispiel einen Korankurs nachmittags, oder?"
Birten: „Ja, das tue ich. Auch das kann ich auch sagen: Ich geh auch nachmittags in den Korankurs und da wird ja auch alles erzählt, was man in Religion tun muß und wie man sich eigentlich verhalten muß. Das ist auch der Einfluß, auch von der Koranschule, aber nicht nur der von Koranschule, auch die Bücher, die ich gelesen habe."
Frage: „Wie oft gehst du zum Korankurs?"
Birten: „Zweimal in der Woche."
Frage: „Wie lange?"
Birten: „Ungefähr, maximal zwei Stunden, mehr nicht."
Frage: „Was machst du sonst in deiner Freizeit?"

Birten: *„In meiner Freizeit lese ich meistens viele Bücher. Und auch, ich arbeite unheimlich viel mit meinen Hausaufgaben, aber nicht nur Hausaufgaben, auch was wir in Schule gemacht haben... und meistens sticke ich auch."*
Frage: *„Gehst du nie ins Kino mit deinen Freundinnen, oder Schwimmen? Treibst du Sport?"*
Birten: *„Kino brauch ich nicht zu gehen, weil wir zu Hause selbst 'ne Video haben. Und spazierengehen, da gehen wir natürlich mit unseren Freundinnen, wir sind in der Koranschule, also die größeren Mädchen, wir gehen zusammen Ende der Woche meistens spazieren. Auch mit meinen Eltern natürlich."*
Frage: *„Dürftest du ins Kino gehen, wenn du wolltest?"*
Birten: *„Ja, mit meinen Brüdern, aber nicht alleine."*
Aus einer Sendung von Aysim Atsiz über die Situation junger türkischer Mädchen in der Bundesrepublik, Deutschlandfunk 1983.

In Deutschland lebende Muslimin bei der Koranlektüre

II. Nähere Betrachtung des Islam

1. Das Erscheinungsbild

Die heutige Verbreitung des Islam

Heute gibt es mehr als 850 Millionen Moslems auf der gesamten Welt. Aufgrund der Entstehungsgeschichte und aus religiös, politisch und kulturell verständlichen Gründen bilden die arabischen Länder das Herz der islamischen Welt. Daneben sind die größten islamischen Ballungszentren in Indonesien, Pakistan und Bangladesch. Eine beträchtliche Zahl islamischer Minderheiten befindet sich in Indien, in der Sowjetunion und in China.

Die Gesamtzahl der Moslems kann nur schätzungsweise angegeben werden, wobei erhebliche Zahlenunterschiede bestehen. Die „Encyclopaedia Britannica" gibt sie mit 540 Millionen an, Richard von Weeks mit 720 Millionen und Munir El Sherbiny in einem Buch aus dem Jahre 1979 mit 850 Millionen. Präsident Sadat schätzte die Zahl in einem im Dezember 1979 gegebenen Interview auf mehr als 850 Millionen. Geographisch verteilt, handelt es sich um etwas über 200 Millionen in Afrika und über 600 Millionen in Asien.

Die Anzahl der islamischen Staaten gibt „Weeks" mit 41 an, 36 mit moslemischer Mehrheit und 5 mit einer moslemischen Bevölkerung von etwa 50 Prozent. Die Teilnehmer an der Dritten Islamischen Konferenz in Jidda zählten 33, die der Konferenz von Fez (Mai 1979) 42 islamische Staaten.

Angesichts der Unzuverlässigkeit der Zahlenangaben mancher Staaten hinsichtlich der Gesamtbevölkerung, wie der mangelnden Genauigkeit der über die verschiedenen Religionszugehörigkeiten bekannt gegebenen Zahlen – einem Thema, bei dem nicht nur Instanzen unterschiedlicher Religionen gegeneinander wetteifern, sondern das in manchen Fällen einen bestimmenden Faktor der Innenpolitik darstellt –, ist es nur allzu verständlich, wenn sich genaue Zahlen nicht angeben lassen. Obwohl es sich mithin um Schätzungen handelt, glauben wir sagen zu können, daß die Zahl der Moslems in der Welt heute etwa bei 850 Millionen liegt. Es handelt sich also um mehr als ein Fünftel der Weltbevölkerung (von 4,124 Milliarden).

Die größten Gruppierungen gehen aus folgender Aufstellung hervor:

Arabische Welt (21 Staaten)	160 Millionen
Islamische Staaten in Asien (darunter die größten: Indonesien, Pakistan, Bangladesch, Türkei, Iran)	400
Große islamische Minderheiten in nichtislamischen Ländern Asiens (Indien, China, Sowjetunion)	180
Afrikanische Staaten (nicht-arabische)	100
Sonstige	10
	850 Millionen

Die Anzahl der Schiiten unter den Moslems wird auf etwa 85 bis 95 Millionen geschätzt (10 Prozent).

Aus: Hamdy Mahmoud Azzam: Der Islam. Plädoyer eines Moslems. Horst Poller Verlag, Stuttgart 1981, S. 86 ff.

Die Moschee

Eine Moschee ist ein Haus, in dem die Muslime beten. Manche Moscheen sehen aus wie gewöhnliche Häuser. Andere Moscheen haben einen hohen Turm. Er heißt Minarett. Von dort oben wird gerufen, wenn es Zeit zum Gebet ist. Dann steigt der Muezzin, der Gebetsrufer, hinauf und ruft den Azan. So heißt der Gebetsruf.

In der Moschee gibt es manche Dinge zu sehen. Wenn es eine große Moschee ist, gibt es dort meistens einen Brunnen. Dort können sich die Muslime waschen, bevor sie zum Gebet gehen.

Bevor wir in die Moschee gehen, ziehen wir uns die Schuhe aus. In der Moschee sind Teppiche auf dem Boden oder Matten. Niemand geht dort mit Schuhen hinein, weil ja auf den Teppichen oder Matten gebetet wird. Wenn wir Muslime beten, berühren wir den Boden mit der Stirn. Darum muß der Boden immer sauber bleiben, und deshalb darf auch niemand mit Schuhen in die Moschee gehen.

Im Gebetsraum gibt es eine Nische. Sie heißt Mihrab. Der Mihrab zeigt die Qibla an. Die Qibla ist die Gebetsrichtung. Es ist die Richtung, in der die Ka'ba in Mekka liegt. Wir Muslime stellen uns im Gebet ja immer so hin, daß wir nach Mekka schauen. Der Mihrab zeigt uns also, wohin wir uns beim Beten wenden sollen. Neben dem Mihrab steht ein hoher Stuhl mit einer Treppe. Das ist der Minbar. Wenn am Freitag beim Gebet in der Moschee eine Rede gehalten wird, steigt der Mann, der die Rede hält, auf die Treppe. Dann können ihn die Muslime besser hören.

Überall, wo die Muslime hinkommen, haben sie eine Moschee oder einen Gebetsraum. Als der Prophet Muhammad nach Medina kam, hat er zuerst eine Moschee gebaut. Die Moschee ist der Platz, wo wir zusammen mit anderen Muslimen zu Allah beten.

Aus: Ahmad von Denffer, Islam für Kinder. Haus des Islam, Aachen 1983.

Oben: Die im 17. Jh. erbaute Sultan-Achmed-Moschee, die wegen ihrer Bemalung im Innern auch „Blaue Moschee" genannt wird, ist ohne Zweifel eines der schönsten Bauwerke des architektonisch reichen Islam. Links: Das Innere der großen Moschee in Kairouan/Tunesien aus dem 9. Jh. mit Mihrab (Gebetsnische) und Minbar (Gebetskanzel). Unten: Betende in der modernen Moschee in München vor dem Mihrab.

Das Jahr in der muslimischen Gemeinschaft

Der islamische Kalender
Die Moslems (auch Muslime genannt) richten ihre Zeitrechnung nach dem Mondjahr, wobei sie von 12 Monaten zu 29,5 Tagen (also in etwa eine Umlaufzeit des Mondes um die Erde) ausgehen. Jeder Monat beginnt mit dem Neumond. Weil das Mondjahr 11 Tage kürzer ist als das Sonnenjahr, bleiben die Tage und Monate des islamischen Kalenders gegenüber dem Sonnenjahr – und damit dem christlich-gregorianischen Kalender – jährlich um 11 Tage zurück. Das macht in 33 Jahren ein ganzes Sonnenjahr aus.
Die islamischen Monate haben eine Länge von entweder 30 oder 29 Tagen. Diese Unregelmäßigkeit bewirkt, daß muselmanische Feste in ihrer kalendarischen Festlegung bis zu zwei Tagen Unterschiede aufweisen können. Das liegt an hauptsächlich zwei sich voneinander unterscheidenden Schulen, den Sunniten und den Schiiten, die unterschiedliche Datierungen haben.
Die islamische Zeitrechnung beginnt mit dem Tage der Flucht Muhammeds von Mekka nach Medina (die sogenannte Hedjra) am 15. Juli 622 (nach christlicher Zeitrechnung).
In jedem Zyklus von 30 Jahren, die von der Hedjra an gezählt werden, haben die ‚normalen' Jahre jeweils 354 Tage, während 11 Jahre im Zyklus jeweils 355 Tage haben. Diese 11 Jahre sind im 30-Jahres-Zyklus das 2., 5., 7., 10., 13., 16., 18., 21., 24., 26. und 29. Jahr. Dann hat der letzte Monat des Jahres einen Tag mehr, also 30.
Um ein muslimisches Datum im christlichen Kalender zu finden (oder umgekehrt), lassen sich zwei Rechenmethoden anwenden.
CJ = Christliches Jahr, IJ = Islamisches Jahr

1. Methode
IJ − 3% + 621,54 = CJ
Beispiel: Welches Jahr im christlichen Kalender ist das muslimische Jahr 1318?
1318 − 39,54 = 1278,46
1278,86 + 621,54 = 1900,00
Ergebnis: Das muslimische Jahr 1318 entspricht (wegen der Phasenverschiebung zum größten Teil) dem Jahr 1900 n. Chr.

2. Methode:
$CJ - 622 + \dfrac{CJ - 622}{32} = IJ$

Beispiel: Welches muslimische Jahr entspricht dem Jahre 1982 n. Chr.?

$1982 - 622 + \dfrac{1982 - 622}{32} = 1402,5$

Ergebnis: 1982 entspricht dem islamischen Jahr 1402. 1402,5 weist darauf hin, daß 9 Monate von 1982 ins islamische Jahr 1402 fallen, die restlichen 3 Monate ins Jahr 1403.

Umgekehrtes Beispiel: Welches christliche Jahr entspricht dem islamischen (muslimischen) Jahr 1402?

$IJ - 622 + \dfrac{IJ}{33} = CJ\, 1402 + 622 - \dfrac{1402}{33} = 1981,5.$

Wichtige Feiertage im Islam

Die Aufzählung nennt Feiertage beider muslimischer Hauptgruppen, also von den Schiiten (die etwa 10% aller Moslems ausmachen und überwiegend in den Ländern Iran, Irak, Libanon, Jemen und Pakistan ansässig sind) und von den Sunniten. Weil der islamische Kalender sich gegenüber dem christlichen ununterbrochen verschiebt, ist eine vergleichende Festlegung auf die Daten unseres Kalenders nicht geraten.

1. Muharram: Neujahr
Tag des Almosen-Gebens

10. Muharram: Aschurafest
Bet- und Fasttag
Die Kaaba in Mekka ist geöffnet. Im schiitischen Islam ist es der Gedenktag an Husayn, den Enkel Muhammeds.

2. Rabi al-awwal: Geburtstag des Propheten Muhammed
Er ist geboren zwischen 567 und 573, gestorben 632 n. Chr.

27. Ragab: Muhammeds Himmelfahrt
Vom Tempelplatz in Jerusalem aus

15. Shaban: Nacht der Unschuld
Dann wird im Himmel der Baum des Lebens geschüttelt, auf dessen Blättern aller Menschen Namen stehen. Wessen Blätter herabfallen, stirbt noch in demselben Jahr. Andere rechnen mit Sündenvergebung durch den in dieser Nacht auf Erden herabkommenden Allah.

1. Ramadan: Nacht der Sichtung
Der Fastenmonat beginnt in dem Augenblick, wenn die Sichel des Neumondes erstmals gesichtet wird. Von da an wird einen Monat lang von Sonnenaufgang bis Sonnenuntergang gefastet, nachts gespeist.

17. Ramadan: Nacht der Bestimmung
In dieser Nacht kam die Offenbarung des Koran aus dem Himmel an die Menschheit. Fromme Moslems lesen dann die ganze Nacht im Koran.

1. Shawwal: Id al-fitr
Fest des Fastenbrechens, das heißt Ende des strengen Fastenmonats.

10. Dul-higga Id al-adha
(Türkisch: Kurban Bayram)
Opferfest am 10. Tag im Pilgermonat zur Erinnerung an Abraham (Genesis 22: Isaaks Opferung). An dem Tag werden fast ausschließlich Schafe geschächtet und geschlachtet.

Islam. Kalender	Neujahr 1. Muharram	Geb. Muhammeds 2. Rabi al-awwal	Beginn des Ramadan	Opferfest 10. Dul-higga
1410	4. 8. 1989	14. 10. 1989	29. 3. 1990	5. 7. 1990
1411	24. 7. 1990	3. 10. 1990	18. 3. 1991	24. 6. 1991
1412	13. 7. 1991	22. 9. 1991	6. 3. 1992	12. 6. 1992
1413	2. 7. 1992	11. 9. 1992	24. 2. 1993	2. 6. 1993
1414	21. 6. 1993	31. 8. 1993	13. 2. 1994	22. 5. 1994
1415	10. 6. 1994	20. 8. 1994	2. 2. 1995	11. 5. 1995
1416	31. 5. 1995	10. 8. 1995	23. 1. 1996	30. 4. 1996
1417	19. 5. 1996	29. 7. 1996	11. 1. 1997	19. 4. 1997
1418	9. 5. 1997	19. 7. 1997	1. 1. 1998	9. 4. 1998
1419	28. 4. 1998	8. 7. 1998	21. 12. 1999	19. 3. 1999
1420	17. 4. 1999	27. 6. 1999	10. 12. 1999	17. 3. 2000

Aus: Religiöse Feste der Juden, Christen und Moslems, hrsg. von Friedrich Thiele, Christl. Verlagsanstalt Konstanz, S. 47–53.

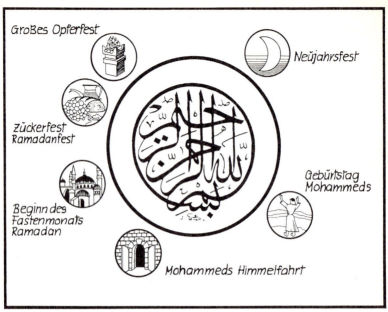

Der Jahreskreis islamischer Feste (Termine s. S. 15)

Der Fastenmonat Ramadan
Der neunte Monat im Jahr heißt Ramadan. Es ist der große Fastenmonat, während dessen ganzer Dauer von Sonnenaufgang bis Sonnenuntergang nach der einfachen, aber strengen Regel gefastet wird: kein Essen, kein Trinken, kein Rauchen und kein Geschlechtsverkehr. Der Fastenmonat ist der wichtigste Monat im Leben der Muslime. Er ist eine Zeit besonderer religiöser Aufgeschlossenheit und menschlicher Verbundenheit. Jeder Muslim fühlt während des Ramadan die Verpflichtung, am Fasten teilzunehmen und damit seine Zugehörigkeit zur islamischen Gemeinschaft zu bekunden. Das ist „Ehrensache". Jugendliche beginnen das Fasten etwa mit dem zwölften Lebensjahr. Für sie bedeutet es einen neuen Abschnitt in ihrem Leben. Kranke und Behinderte, die nicht fasten können, empfinden sich dadurch oft von dem religiösen und sozialen Leben ihrer Glaubensgemeinschaft ausgeschlossen. Für die Muslime in unserem Land bedeutet der Fastenmonat eine besondere Anstrengung, da der Arbeitsrhythmus der Industrie keine Rücksicht darauf nimmt.
Trotz der Verpflichtung zum Fasten, die gar nicht leicht einzuhalten ist, trägt der Monat Ramadan für die Muslime einen festlichen Charakter. Nach der harten Disziplin des Fastens, die besonders in unseren nördlichen Breiten wegen der langen Sommertage sehr schwierig sein kann, finden sich die Muslime nach Sonnenuntergang im Kreis der Familie, der Nachbarschaft oder der Moschee zu regem Leben zusammen. Dann wird gegessen, man besucht sich, ist in gehobener und lebhafter Stimmung beieinander. Das führt in der deutschen Umgebung manchmal zu Reaktionen von seiten der Bevölkerung, die das festliche Zusammensein bis spät in die Nacht nicht kennt und sich in ihrer Ruhe gestört fühlt.
Der festliche Charakter des Ramadan wird in vielen islamischen Gemeinden

dadurch unterstrichen, daß ein „Hafiz" - ein ausgebildeter Vorsänger des Korans - eingeladen wird, um in der Moschee große Teile des Heiligen Buches zu rezitieren. Diese Vorleser oder Vorsänger verstehen es oft, durch die kunstvolle und eindrückliche Art ihres Vortrags die Gläubigen mitzureißen. Die Gemeinden in der Bundesrepublik Deutschland werden häufig durch Prediger aus der Türkei in den Geist des Ramadan eingeführt, um neuen Glaubenseifer bei ihnen zu wecken. Fromme Muslime sind angehalten, in den vier Wochen des Fastenmonats den ganzen Koran zu lesen. Man muß sich dabei deutlich machen, daß der Koran für sie nicht eine Sammlung von Predigten des Propheten Muhammad ist, sondern von der ersten bis zur letzten Zeile Gottes eigenes Wort.
Aus: Islamische und christliche Feste, hrsg. von Michael Mildenberger und Hans Vöcking. Verlag Otto Lembeck, Frankfurt, S. 19.

Das Fest des Fastenbrechens ('îd al-fitr)

Dieses Fest beendet das strenge Fasten des Ramadânmonats und stellt den definitiven und feierlichen Bruch (fitr) mit der langen „Fastenzeit" dar. Auf türkisch wird das Fest bisweilen auch Şeker Bayram (Zuckerfest) genannt wegen der vielen Süßigkeiten und dem Gebäck, die an diesem Tage verzehrt werden. Eine andere Bezeichnung ist „Kleines Fest" (im Gegensatz zum „Großen Fest", dem Opferfest). Man feiert den Tag des Fastenbrechens am ersten Tag des Monats Šawwâl (10. Monat). Gewöhnlich werden jedoch die Feierlichkeiten auf den 2. Šawwâl ausgedehnt, und islamische Staaten tragen dieser Sitte Rechnung, indem sie auch diesen zweiten Tag des zehnten Monats zum offiziellen Ruhetag erklären. [...]
Die beiden religiösen Pflichten, welche die islamische Gemeinschaft eines Ortes im Gemeinschaftsgebet und in einem Akt der solidarischen und brüderlichen Unterstützung vereinen, geben diesem Fest notwendigerweise einen starken gemeinschaftsbezogenen Charakter. Jeder Muslim trägt neue Kleider, besucht seine Freunde und Bekannten, schenkt und erhält Geschenke jeder Art und tauscht unzählige Glückwünsche mit denen aus, die er unterwegs oder bei Besuchen trifft. Man könnte von diesem Fest behaupten, daß es den Charakter einer sozialen zwischenmenschlichen Versöhnung hat. Daraus ergibt sich die Bedeutung, die es sowohl im islamischen Festkalender als auch im Leben einer Großfamilie hat. An diesem Festtag kehren viele in der Fremde lebende Familienmitglieder zum heimatlichen Herd zurück. Die allgemeine Freude und Fröhlichkeit während des 'îd al-fitr ist wesentlich größer als die zur Zeit des „Großen Festes" im Pilgermonat. Das „Kleine Fest" ist auf psychologischer und soziologischer Ebene, wenn auch nicht auf religiöser, wichtiger als das Opferfest, dessen rechtliche, mystische und religiöse Bedeutung es natürlich nicht hat. Man könnte es, zwar nicht von seinem Inhalt her aber doch in seinen äußeren Erscheinungsformen, mit dem christlichen Weihnachtsfest vergleichen. Die zwischenmenschlichen Beziehungen, die unter dem Trott des Alltags vielleicht etwas gelitten haben, erfahren durch die Begegnung von Freunden, Verwandten und Bekannten, durch die Geschenke und die netten Worte, die man austauscht, eine Vertiefung, die den Muslim der Zukunft mit neuem Optimismus entgegensehen läßt.
Aus: Cibedo-Dokumentation, Nr. 16/17, Frankfurt 1982, S. 15 u. 17. Beitrag von Franz Gieringer.

▷ Welchen Sinn hat das Ramadan-Fasten für den gläubigen Muslim?
▷ Welche Bedeutung hat der Ramadan für die islamische Gemeinschaft?

Religiöse Feste im Leben eines Muslim

Beim Beschneidungsfest, hier Beduinenfrauen mit Sohn in Kairouan/Tunesien, werden die Knaben feierlich in Glaubensgemeinschaft aufgenommen. Die Beschneidung ist dabei das Symbol der Unterwerfung unter den Willen Allahs.

Die Pilgerfahrt

Der Besuch des Hauses Gottes, der Ka'ba zu Mekka, ist allen Gläubigen zur Pflicht gemacht. Voraussetzung ist, daß der, der sich auf die Reise begibt, gesund ist und daß er in der Lage ist, für die Zeit seiner Abwesenheit seine Familie ausreichend zu versorgen.

Der Islam kennt zwei Formen der Wallfahrt nach Mekka:
- die kleine Pilgerfahrt (hadj asgar oder umra); sie kann zu jedem beliebigen Zeitpunkt unternommen werden;
- die große Pilgerfahrt (hadj akbar) im Pilgermonat des islamischen Kalenders.

Dem Besuch der heiligen Stadt und des Heiligtums geht die Weihe (ihram) voraus. Von diesem Augenblick an muß sich der Pilger aller weltlichen Genüsse, vor allem des geschlechtlichen Umgangs enthalten. Die Jagd ist verboten. Alle Kulthandlungen sollen in äußerster Ruhe und Frieden, ohne jeglichen Streit und Hader durchgeführt werden. Die Männer legen zwei ungenähte, lose Tücher von weißer Farbe an; die Frauen tragen während der Pilgerfahrt ihre normalen Kleider, die allerdings von einfacher Ausführung sein sollen.

Die islamische Gemeinde findet ihre Einheit in ihrer Universalität, in dem Bewußtsein eines geographischen Mittelpunktes: in der Wallfahrt zur Ka'ba in Mekka. Die Pilgerfahrt führt die Moslems zu der Stätte, an der die Propheten Abraham und Ismael lebten und Gott dienten, von der Mohammad ausging, um den Islam zu verkünden. Sie vermittelt das große und einschneidende Erlebnis der Bruderschaft des Islam, einer Bruderschaft, die keine Rassen- und Sprachschranken kennt, keine Nationalitätenunterschiede; die den Gegensatz von Arm und Reich vor Gottes Angesicht aufhebt.

Höhepunkte der Pilgerfahrt ist das islamische Opferfest. Es wird gefeiert zum Gedenken an Abrahams Bereitschaft, um seiner Liebe zu Gott willen seinen

Die Ka'ba in Mekka, das zentrale Heiligtum des Islam

erstgeborenen Sohn zu opfern. Daran erinnert jedes Jahr in Mina die Schlachtung der Opfertiere. Jedoch sagt der Koran in der Sura Al-Hadsch: „Ihr Fleisch (d. h. das der Opfertiere) erreicht Gott nicht, noch tut es ihr Blut, sondern eure Ehrfurcht ist es, die ihn erreicht." Der Moslem erlebt die Erfüllung des Koranwortes: „Alle Gläubigen sind Brüder." Zu seiner Bestätigung gehört als Höhepunkt das Kußritual. Mohammad, der Prophet, hatte den in die Mauer der Ka'ba eingelassenen „schwarzen Stein" einst in Ehrfurcht geküßt. Nun berühren ihn die Pilger mit ihren Lippen und empfangen auf diese Weise von ihm symbolisch den Bruderkuß des Propheten.

Aus: Muhammad S. Abdullah, Leben im Islam. In: Fremde Welt Islam. Einblicke in eine Weltreligion. Hrsg. von Anton Schall. Matthias-Grünewald-Verlag, Mainz 1982, S. 35 f.

Die Ka'ba an der Hauswand als Zeichen der erfüllten Pilgerpflicht

2. Die Entstehung des Islam

Die Offenbarung

„Und nicht kommt es einem Menschen zu, daß Allah mit ihm sprechen wollte, es sei denn in Offenbarung oder hinter einem Vorhang. Oder er sendet einen Gesandten, zu offenbaren mit seiner Erlaubnis, was er will. Siehe, er ist hoch und weise. Und also entsendeten wir zu dir einen Geist (den Erzengel Gabriel) mit einer Offenbarung auf unser Geheiß. Nicht wußtest du, was das Buch und der Glaube war. Jedoch machten wir es zu einem Licht, mit dem wir leiten, wen wir wollen, von unseren Dienern. Und siehe, du solltest wahrlich auf einen rechten Weg leiten." Koran; Sure 42,50-53

„Die erste Offenbarung, die der Prophet [Mohammed] erhielt, begann mit guten Traumgesichten im Schlaf; jeder Traum, den er sah, pflegte ihm so deutlich wie der Anbruch des Morgens zu kommen. Dann empfand er Liebe zur Einsamkeit und pflegte sich in die Höhle des Berges Hirā zurückzuziehen, sich in ihr eine bestimmte Anzahl von Nächten religiösen Übungen zu widmen, bevor er zu seiner Familie zurückkehrte, und sich dafür zu verproviantieren, dann zu Hadíga zurückzukehren und sich für ein weiteres Mal zu verproviantieren, bis die Wahrheit zu ihm kam, während er in der Höhle des Hirā war. Da kam der Engel zu ihm und sagte: Rezitiere! Er aber antwortete: Ich kann nicht rezitieren! Er berichtete: Da ergriff er mich und preßte mich, bis ich es nicht mehr aushalten konnte. Dann ließ er mich los und sagte: Rezitiere! Aber ich antwortete: Ich kann nicht rezitieren. Da ergriff er mich und preßte mich ein zweites Mal, bis es nicht mehr aushalten konnte. Dann ließ er mich aus und sagte: Rezitiere! Aber ich antwortete: Ich kann nicht rezitieren. Da ergriff er mich und preßte mich zum dritten Mal. Dann ließ er mich los und sagte: Rezitiere im Namen deines Herrn, der erschaffen hat, der den Menschen aus einem Blutklümpchen erschaffen hat. Rezitiere, denn dein Herr ist der Allgütige. Da kehrte der Prophet damit zurück, während sein Herz zitterte, trat bei Hadíga ein und sagte: Wickelt mich ein, wickelt mich ein! Und man wickelte ihn ein, bis ihn die Furcht verlassen hatte. Da erzählte er der Hadíga und teilte ihr das Erlebnis mit: Ich fürchte für mein Leben.

Da erwiderte Hadíga: Nein, bei Allah, nie wird Allah dich in Schande kommen lassen; du pflegst die Verwandtschaftsbande, unterhältst die Abhängigen, spendest den Armen, nimmst die Gäste auf und hilfst bei den Unglücksfällen, die das Recht treffen. Hadíga nahm ihn mit und brachte ihn zu Waraqa, einem Vetter, der in der Heidenzeit Christ geworden war, hebräisch schreiben konnte... er war hochbetagt und blind. Zu dem sagte Hadíga: Mein Vetter, höre deinen Neffen an... Da erzählte ihm der Prophet, was er erlebt hatte. Da antwortete ihm Waraqa: Das ist der Namus (= Gesetzesengel), den Allah zu Mose hat hinabsteigen lassen; o wäre ich doch ein junger Mann, o wäre ich doch am Leben, wenn dein Volk dich vertreibt! Da fragte der Prophet: Werden sie mich etwa vertreiben? Er erwiderte: Ja, niemand hat jemals dasselbe wie du gebracht, ohne daß er Feindschaft erfuhr. Wenn ich deinen Tag erlebe, werde ich dir kräftig helfen.
Danach dauerte es nicht lange, bis Waraqa starb, und die Offenbarung an Muhammad erlitt eine Unterbrechung... Während ich einherging, hörte ich eine Stimme vom Himmel: da blickte ich auf, und da saß der Engel, der auf dem Hirā zu mir gekommen war, auf einem Thron zwischen Himmel und Erde. Da fürchtete ich mich vor ihm, kehrte zurück und sagte: Wickelt mich ein, wickelt mich ein! – Da offenbarte Allah (die Koranverse): Du Eingewickelter, steh auf und weihe dich! Deinen Herrn, den preise! Deine Kleider, die reinige! Den Greuel, den fliehe! (Sure 74,1-5). Dann kamen die Offenbarungen häufig."
Aus der Traditionssammlung des al Buchari.

Mohammed empfängt eine Offenbarung durch den Erzengel Gabriel. Miniatur aus Raschid Ad-Dins „Universalgeschichte"

Das Leben Muhammads [Mohammeds]

Muhammad wurde um 569/570 n.Chr. in Mekka geboren und gehörte zu einer verarmten, aber angesehenen Sippe der Hāshimiten vom Stamme der Quraishiten. Muhammads Vater Abdallah starb noch vor der Geburt des Sohnes, und seine Mutter Amina, als er sechs Jahre alt war. Er wurde kurze Zeit von seinem Großvater Abd al-Muttalib erzogen, dann von seinem Onkel Abu Talib, der ihn auf eine Geschäftsreise mitnahm. Im Alter von 25 Jahren lernte er die wohlhabende Kaufmannswitwe Chadīdja kennen, deren Handelsgeschäfte er zuverlässig wahrnahm. Sie wurde seine Frau, obwohl sie wesentlich älter war als er. Er bewahrte ihr immer eine tiefe Zuneigung und nahm, solange sie lebte, keine andere Frau. Sie gebar sieben Kinder, von denen nur eine Tochter, Fātima, am Leben blieb und selber Nachkommen hatte.
Der Wendepunkt in Muhammads Leben trat ungefähr im Alter von 40 Jahren ein, also um das Jahr 610. Er fing an, intensiver nach dem Sinn des Lebens zu fragen, und nahm an dem oberflächlichen Treiben und unsozialen Verhalten der mekkanischen Gesellschaft Anstoß. Denn manche reichen Kaufleute nutzten ihre Macht aus und übervorteilten die sozial Schwachen. Dadurch gerieten viele Menschen in Not.
Muhammad zog sich periodisch zu einsamen Andachtsübungen am Berge Hīrā zurück und erhielt dort von einem himmlischen Boten den Auftrag: „Stehe auf und warne." Die Menschen sind von Gott abgefallen, und das Jüngste Gericht

steht bevor. Nach dem Erlebnis auf dem Berg Hira kamen die Offenbarungen regelmäßig zu Muhammad. Er empfing sie voller Freude, ob sie bei den Menschen Zufriedenheit oder Ärger auslösten. Bald darauf fing Muhammad an, seine mekkanischen Mitbürger zu ermahnen und vor dem baldigen Gericht Gottes zu warnen. Hauptinhalte seiner Predigt in dieser Zeit waren der Glaube an den einen gütigen Schöpfergott und der Aufruf zu einem besseren und sozialeren Lebenswandel angesichts des nahe bevorstehenden Jüngsten Gerichts: *„Im Namen Allahs des Allbarmherzigen. Das eifrige Streben nach Mehrung des Reichtums beherrscht euch, bis ihr die Gräber erreicht. Gewiß! Ihr erfahrt es bald nochmals, ihr erfahrt es bald, wie töricht ihr gewesen seid" (102,1-5).*
„Was meinst du wohl von dem, der das Gericht für Lüge erklärt? Das ist derselbe, der die Waise von sich wegstößt und die Seinen nicht dazu anhält, dem Armen etwas zu essen zu geben. Wehe den Betenden, die auf ihr Gebet nicht achten, die von den Leuten gesehen werden wollen und die Hilfeleistung verweigern!" (107).
Zunächst fand die Botschaft wenig Anklang. Seine ersten Anhänger waren Chadidja und sein junger Vetter Ali. Anschließend folgten ihm zu einem großen Teil jüngere Leute aus vornehmen, teils auch aus weniger einflußreichen Familien. Auch Angehörige der unteren sozialen Schichten, wie z. B. freigelassene Sklaven, schenkten ihm Gehör. In den folgenden Jahren nahm der Widerstand in Mekka auf eine Weise zu, daß Muhammad mit über 100 Anhängern nach Abessinien reiste. Der Hauptgrund für die Ablehnung des Propheten ist in der wichtigen Rolle der Stadt Mekka zu sehen, die zugleich Handelsmetropole und religiöses Zentrum war. Muhammads Predigt bedrohte den polytheistischen Kult und die Wallfahrtsfeste, die sich um das mekkanische Heiligtum, die Kaaba, konzentrierten und den führenden Familien wirtschaftliche Vorteile brachten.
Nach der Rückkehr aus Abessinien nahmen die Verfolgungen in Mekka noch größere Ausmaße an. Die Mekkaner bestritten die Echtheit von Muhammads göttlicher Sendung und warfen ihm vor, er sei nur ein Dichter, der unter dem Einfluß von Dämonen stünde, und ein Besessener, der nicht Gottes-, sondern Menschenwort verkünde.
Muhammad lehnte die Aufforderung ab, wie andere Propheten die Echtheit seiner Sendung durch Wunder zu bestätigen. Er entgegnete, daß nur Gott die Macht besitzt, Wunder zu tun, Propheten könnten nur mit Gottes Erlaubnis Wunder wirken; außerdem ließen sich verstockte Menschen auch nicht durch Wunder zum Glauben bringen.
Als die Lage in Mekka unerträglich wurde, siedelte der Prophet auf die Aufforderung einiger Stämme hin, die einen Friedensrichter suchten, im Jahr 622 nach Yathrib über, das später Madinat an-Nabi (Stadt des Propheten) genannt wurde. Das Jahr 622, das Jahr der Hidjra (Auswanderung), wurde zum *Beginn der islamischen Zeitrechnung.* Nachdem Muhammad die beiden sich befehdenden Stämme vereint hatte, bekannte sich ein großer Teil der Bevölkerung zu seiner neuen Lehre. Einige zögerten allerdings noch und bezweifelten die Echtheit seiner Sendung. Vor allem die Juden, die teilweise durch wirtschaftliche Abkommen an die Mekkaner gebunden waren, ließen sich nicht von der von Muhammad behaupteten Übereinstimmung der beiden Religionen überzeugen. Zwei jüdische Stämme wurden zur Auswanderung gezwungen, ein anderer vernichtet und die Frauen und Kinder versklavt. Nach der Auseinandersetzung mit den Juden änderte Muhammad die Gebetsrichtung von Jerusalem nach Mekka, wo

entsprechend der Überlieferung der Stammvater aller Gläubigen, Abraham, mit seinem Sohn Ismail die Kaaba erbaut hatte.

In der medinensischen Phase zeigte sich Muhammad weniger als religiös inspirierter Gerichtsprediger, sondern als Staatsmann und Politiker. Neben der Erfüllung seiner religiösen Aufgaben ging es ihm darum, für seine Mitauswanderer (Muhādjirūn) und die neuen Verbündeten (Ansār) ein gemeinsames Leben in gutem Einvernehmen zu sichern; denn das Ausscheiden der jungen muslimischen Gemeinde aus dem mekkanischen Stammesverband war für die damalige Zeit ein folgenschwerer Schritt. Daher erließ er 623 die Gemeindeordnung von Medina. Die in dieser Zeit geoffenbarten Suren beschäftigen sich zunehmend mit Fragen des sozialen Zusammenlebens.

Die Mekkaner blieben weiterhin erbitterte Gegner. Im März 624 errang ein kleiner Trupp von Muslimen einen strahlenden Sieg bei Badr, dem aber bald eine bittere Niederlage in der Nähe des Berges Uhud folgte. Bald darauf griffen die Mekkaner Medina an, konnten es aber nicht erobern. Im Jahr 628 versuchte der Prophet, eine Wallfahrt nach Mekka zu unternehmen, wurde aber von den Mekkanern abgewiesen. Diese erklärten sich jedoch bereit, eine zehnjährige Waffenruhe vertraglich zu vereinbaren.

Der Waffenstillstandsvertrag mit den Mekkanern wurde jedoch nicht eingehalten. Daher zog Muhammad anläßlich eines Beduinenstreits 630 nach Mekka, wo ihm nur wenig Widerstand geboten wurde. Bis auf einige Ausnahmen wurden die Mekkaner mit unerwarteter Milde behandelt, so daß sie sich zu einem großen Teil zum Islam bekehrten. Muhammad zerstörte die polytheistischen Bildnisse in der Kaaba, behielt diese aber als Heiligtum bei. Zwei Jahre später, im Jahr 632, starb er als Führer fast der gesamten arabischen Halbinsel.

Aus: Monika Tworuschka: Allah ist groß. Religion, Politik und Gesellschaft im Islam. Gütersloher Verlagshaus, Gütersloh 1983, S. 24–27.

▷ Wie erhält Mohammed seine Lehre? Gibt es Unterschiede/Ähnlichkeiten zur Offenbarung anderer Religionen?

▷ Welche neuen Ideen vermittelt Mohammed seinen Landsleuten im Vergleich zu den damals herrschenden Anschauungen? Warum setzen sich diese wohl durch?

Das Fabeltier Burak, das Mohammed in den Himmel trug, abgebildet auf einem islamischen Wallfahrtsplakat (Ausschnitt)

3. Zur Geschichte des Islam

Die Ausbreitung des Islam

Die rasche Ausweitung der umma [der islamischen Gemeinde] auf der Arab. Halbinsel setzte sich nach dem Tode Muhammads unter den Nachfolgern (arab. Khalīfa, dt. Kalif) Abū Bakr (632-634), 'Umar (634-644), 'Uthmān (644-656) und 'Alī (656-661) in nichtarab. Gebiet fort: 639-642 wurde Ägypten erobert, 640-642 Persien. Unter der Dynastie der Umaiyaden (661-750) wurden weitere Gebiete dazugewonnen. 670 folgte die Eroberung Nordwestafrikas, 711 kamen die Araber nach Spanien, bevor ihr Vordringen nach Frankreich 732 bei Tours und Poitiers (Karl Martell) gestoppt wurde.

Auch im Osten des Reiches setzte sich unter den Umaiyaden und noch mehr unter dem Kalifat der abbasidischen Dynastie (749-1258) die Ausweitung des islam. Reiches bis nach Indien fort. Einer sehr groben hist. Einteilung zufolge kann gesagt werden, daß die ersten 700 Jahre der islam. Zeitrechnung den Aufbau der islam. Herrschaft in den sog. Kernländern (Nordafrika, Ägypten, Vorderer Orient, teilweise Türkei, Irak und Iran) und die nächsten 700 Jahre die Ausweitung in weitere Länder Asiens und Afrikas hinein (z. B. Indien, Indonesien, Schwarzafrika) brachten.

Obwohl der Kalif bis zur Abschaffung des Kalifates 1924 der umma vorstand, war seine Macht im Laufe der Geschichte immer geringer geworden. Politisch mußte er sie bald mit manchem lokalen Herrscher teilen, bis sie unter den Osmanen (1290-1918) ganz auf den Sultan übergegangen war und ihm nur noch die rel. Leitungsfunktion verblieb. Religiös konnte der Kalif aber auch nicht seine allg. gültige Führungsposition durchsetzen. Gleich nach dem Tode 'Alis traten dessen Anhänger als Antwort auf die Einführung des erblichen Kalifats der umaiyadischen Dynastie für ein erbliches Kalifat der 'Ali-Nachkommen ein. Die Partei (arab. Shī'a, dt. Schia, Schiiten) 'Alīs lehnte das umaiyadische Kalifat in Damaskus ab, ging in den Untergrund und kämpfte für den Führungsanspruch der 'Alī-Nachkommen: Hasan (gest. 669), Husain (gest. 680) usw. Spätere Spaltungen innerhalb der Shīiten bewirkten, daß die Zahl ihrer jeweils anerkannten Führer (Imame) sowie die Namen der jeweils letzten in der Reihe von Gruppe zu Gruppe variieren. [...]

Auch die kaliftreue Mehrheit der Muslime (Sunniten, heute ca. 90% aller Muslime in der Welt) ist kein monolithischer Block. Unterschiedliche Auslegungstraditionen, vor allem in Rechtsfragen, haben sich im 8./9. Jh. herausgebildet und zu unterschiedlichen Rechtsschulen (der hanbalitischen, hanafitischen, malikitischen und schafiitischen) geführt.

Neben den Shīiten und Sunniten ist mit Blick auf den frühen Islam noch die Gruppe der Khāridiiten zu erwähnen, die aus der umma auszog, weil nach ihrer Meinung nur der Kalif werden oder bleiben sollte, dessen moralische und rel. Qualitäten ihn dazu befähigten, auch wenn es ein schwarzer Sklave wäre.

Die Herrschaft der Muslime über die sog. Kernländer bedeutete anfangs keine Islamisierung dieser Gebiete. Erst viel später ging mit der langsam einsetzenden Arabisierung auch eine Islamisierung einher, die bis heute spürbar ist. Zugleich bewirkte die Begegnung mit der christl. Kultur in Ägypten und Syrien sowie mit manichäischem Gedankengut im Irak/Iran einen kulturell fruchtbaren Kontakt mit der griech. Philosophie und theol. Systemdenken, was beides dem Islam ursprünglich fremd war. Muslimische Denker ließen sich auf die Herausforderung ein und schufen in Auseinandersetzung damit kulturelle Höchstleistungen auf dem Gebiet der Theologie, Philosophie, Wissenschaft und Kunst, die ihrerseits zur Herausforderung für das christl. Abendland wurden.

Aus: Peter Antes: Islam, in: Lexikon der Religionen, begr. von Franz König. Unter Mitwirkung zahlr. Fachgelehrter hrsg. von Hans Waldenfels. Herder, Freiburg i. Br. ²1988, S. 311f.

Der Löwenhof der Alhambra im südspanischen Granada. Zeugnis der künstlerisch-wissenschaftlichen Blüte des Islam im 13./14. Jahrhundert.

Zur Spaltung des Islam in Sunniten und Schiiten

Als der Prophet Mohammed im Jahre 632 starb, war ungeklärt, wer künftig die islamische Gemeinschaft führen sollte. Ein Teil der Gläubigen – wohl eine Minderheit – betrachtete Ali, den Vetter und Schwiegersohn des Propheten, als seinen einzig legitimen Erben. Die AnhängerAlis nannten sich „Schiat Ali", Partei Alis, und später „Schia" schlechthin. Der Prophet, so behaupteten sie, hätte Ali im letzten Jahr seines Lebens bei der Rückkehr von Mekka durch persönliches Legat als Imam, als geistliches und theokratisches Oberhaupt, eingesetzt.

In den 24 Jahren, in denen sich der Islam über die persischen und byzantinischen Reiche ausbreitete, bekleideten nacheinander aber erst einmal drei andere Kampfgenossen von Mohammed diese höchste Würde. Erst als Osman, der dritte von ihnen, ermordet wurde, kam Ali an die Macht. Seine fünfjährige Herrschaft, die für die Schiiten als strahlendes Vorbild weiser Staatsführung gilt, war freilich von blutigen Machtkämpfen begleitet. Die Feinde Alis, Anhänger des ermordeten Kalifen Osman, sammelten sich in Damaskus um Moawiya, den Statthalter von Syrien.

Im Sommer 657 kam es in der Ebene von Siffin, am Westufer des Euphrat, zur Schlacht zwischen den beiden Kontrahenten. Sie sollte für das weitere Schicksal der islamischen Welt entscheidend sein. Moawiya erwies sich aufgrund seines souveränen politischen Kalküls als Herr der Lage. Als sich der Kampf zugunsten Alis neigte, ließ er seine Soldaten Koranblätter auf ihre Lanzen spießen: Man solle doch den Bruderkampf beenden und die Entscheidung einem Schiedsgericht anvertrauen. Der Vertreter Alis im Schiedsgericht, ein Mann mit frommem Herzen und schlichtem Gemüt, ließ sich zum Vorschlag überreden, sowohl Ali als auch Moawiya als für das Kalifenamt unwürdig zu erklären, da sie am vergossenen Blut der Gläubigen schuld seien.

Kaum war das Urteil verkündet, huldigten die syrischen Truppen Moawiya als ihrem neuen Kalifen. Damit war das erste Schisma des Islam besiegelt: hier Alis Anhänger, die Schiiten; da die Gefolgschaft von Moawiya, die Vorgänger der späteren Sunniten.

Empört über den syrischen Betrug eilte Ali in die mesopotamische Stadt Kufa, um sich für eine neue Schlacht zu rüsten. Dazu sollte es jedoch nicht mehr kommen: Im Morgengrauen des 19. Ramadan des Jahres 661 christlicher Zeitrechnung lauerte ihm ein Charidjit in der Moschee von Kufa auf und tötete ihn mit einem vergifteten Schwert. Charidjiten, die „Ausgezogenen", nannte man jene fundamentalistischen Eiferer, die zuerst an der Seite Alis standen, sich aber nach der Schlacht von Siffin von ihm trennten.

Nach Alis Ermordung wurden seine beiden Söhne Hassan und Hossein nacheinander Führer der schiitischen Gemeinde. Hassan, der ältere, verzichtete auf seine Ansprüche und wurde dafür von den Omayaden mit mehreren Millionen Drachmen belohnt. Hossein hingegen weigerte sich, die Herrschaft des Omayaden Yazid, der inzwischen seinem Vater Moawiya auf den syrischen Thron gefolgt war, anzuerkennen.

Im Jahre 680 kam es zwischen Hossein und dem Heer von Yazid in der Ebene von Kerbela im heutigen Irak zu einem höchst ungleichen Kampf. Nach der Überlieferung verfügte Hossein über nur 72 Waffenträger, das Omayadenheer bestand aus einigen tausend Männern. Am Aschura, dem 10. Tag des islamischen Monats Moharram, wurden Hossein und seine Kämpfer einer nach dem anderen niedergemacht. Der Leichnam Hosseins wies 33 Lanzenstiche und 22 Schwerthiebe auf. Den Soldaten wurde befohlen, über den geschundenen Leib des Gefallenen zu reiten.

Das Drama von Kerbela wurde zum Höhepunkt der schiitischen Geschichte, zum Bezugspunkt der schiitischen Identität. „Rache für Hossein" wurde nun zum Schlachtruf gegen die Omayaden. Doch nicht die Nachkommen Alis setzten in der Mitte des 8. Jahrhunderts der Omayadenherrschaft ein Ende, sondern

Plakat heutiger schiitischer Fundamentalisten, das zum „Heiligen Krieg" aufruft. In der Bildmitte das Pferd und das blutbefleckte Gewand des 680 ermordeten Schiitenführers Hossein.

die Abassiden, die Nachkommen von Al-Abbas, eines Onkels des Propheten. Ihr Sieg vereitelte endgültig die politischen Hoffnungen der Schia. Ins politische Abseits gedrängt, zerfiel sie bald in eine Vielzahl von Richtungen, Gruppen und Sekten, von denen einige durch ihre Militanz sowie durch ihre als Häresie angeprangerte Esoterik der islamischen Obrigkeit und Orthodoxie sehr zu schaffen machten.

Einer gemäßigteren Richtung gelang es, sich durch politische und theologische Umsichtigkeit am Leben zu erhalten und später als Staatsreligion im Iran an die Macht zu kommen: dem heutigen Schiismus, nach der Zahl ihrer Imame auch der „Zwölfer-Schia" genannt.

Die Schiiten fügten den drei allgemein gültigen islamischen Prinzipien – dem Glauben an die Einheit Gottes, das Prophetentum Mohammeds und das Jüngste Gericht – zwei weitere hinzu: die Gerechtigkeit Gottes und das Imamat.

Während die Sunniten mit Hinweis auf Gottes Allmacht das Prinzip der Gerechtigkeit nicht als eine notwendige göttliche Eigenschaft anerkennen, verkünden es die Schiiten als ein Wesensattribut Allahs: Wäre Gott nicht gerecht, so wäre das Jüngste Gericht, in dem die Menschen für ihre Taten belohnt oder bestraft werden, ohne Zweck und Sinn.

Das Imamat, der fünfte Grundpfeiler des schiitischen Glaubens, stellt in gewisser Weise die Konsequenz des Gerechtigkeitsprinzips auf dieser Welt dar: die Gerechtigkeit Gottes läßt nicht zu, daß seine Geschöpfe in Irrtum und Verderben sich selbst überlassen bleiben. Aus diesem Grunde sendet er Propheten, deren letzter Mohammed war. Dann folgten die Imame, die alle aus dem Hause Mohammeds stammen. Sie erben von diesem das „göttliche Licht" und sind mithin „unfehlbar".

Die Vorstellung von einem zwar verborgenen, aber allzeit gegenwärtigen Imam, als dem eigentlichen „Herrn der Zeit", warf eine Frage von großer Tragweite auf: die Frage nach der Legitimität von Herrschaft und Macht während der Abwesenheit des Imam. Gehört alle Autorität dem verborgenen Imam, so muß jegliche politische Herrschaft bis zu seiner Rückkehr als Usurpation betrachtet werden. Wer soll aber in dieser Zeit die Gemeinde führen? Die Ulama, die schiitischen Theologen, beanspruchten für sich, Stellvertreter des verborgenen Imam zu sein: Sie seien, dank ihres Wissens, einzig und allein imstande, im Sinne des abwesenden Imam zu handeln.

Aus: Die ZEIT vom 28. 8. 1987. Artikel von Ahmad Taheri.

▷ Wodurch breitete sich der Islam so rasch aus?
▷ Was unterscheidet die verschiedenen Richtungen des Islam?
▷ Was erfahren wir über das Verhältnis von Religion und Politik in den verschiedenen Phasen?
▷ Was führte zur Spaltung des Islam?

Der Islam heute

Der Islam, der seit seiner Entstehung vor vierzehn Jahrhunderten die Gedanken und die Lebensweise eines großen Teils der Menschheit geprägt hat, ist nun in der zweiten Hälfte des zwanzigsten Jahrhunderts wieder in den Vordergrund des Weltgeschehens getreten.

Nachdem sich die neue Glaubenslehre des Propheten Mohammed im ersten Jahrhundert ihres Aufkommens mit atemberaubender Geschwindigkeit über mehr als die Hälfte der damals bekannten Welt ausgebreitet hatte, beherrschte der Islam die politische und kulturelle Weltszene für mehrere Jahrhunderte.

Ihre Toleranz und Offenheit gegenüber dem „freien Denken" ermöglichten es den Anhängern des Islam, in der Blütezeit der arabisch-islamischen Zivilisation einen großen Beitrag zur Weltkultur und zwar auf jenen Wissensgebieten zu leisten, die heute die Basis unserer modernen Wissenschaft bilden. Mit der Zersplitterung des islamischen Universalreiches und dem Beginn des europäischen Zeitalters der Industrialisierung versanken die islamischen Völker in eine lange Nacht des Niedergangs und der Abhängigkeit bis zu dem Grade, daß sie schließlich zu den „unterentwickelten Ländern" gezählt wurden. Eine Dekadenz, die nicht nur die politischen und wirtschaftlichen Aspekte betraf, sondern auch die Religion selbst, war kennzeichnend für den arabisch-islamischen Raum.

Das Verständnis und die Ausübung der Religion der Moslems – des Islam – wurde von Aberglaube, formellen Auslegungen, parasitären Gedanken und abweichenden Riten überwuchert, die einen allgemeinen Konsens über seine Lehre verhinderten – eine Situation, die dem Zustand der christlichen Welt in den ersten Jahrhunderten und den Spaltungen auf den Konzilen im Mittelalter vergleichbar ist.

Einer der großen modernen Reformisten des Islam, Scheikh Gamal Eldin Al Afghani (1839-1897), beschrieb diesen Zustand mit folgenden Worten: „Um den Islam den Europäern verständlich zu machen, müßten wir erst einmal erklären, daß wir keine guten Moslems sind", womit die geistige Erstarrung des Islam gemeint war. Reformbemühungen zur Bereinigung des Islam und zur Rückführung auf die ursprüngliche Lehre wurden mit mehr oder weniger Erfolg unternommen. So ist in letzter Zeit eine starke Re-Islamisierungsbewegung in allen Teilen der islamischen Welt zu verzeichnen. Mit erstaunlicher Vitalität wird ein ausgeprägtes Verlangen zur Rückkehr zum wahren Islam deutlich, unterstützt durch eine dynamische Massenbewegung und eine starke politische Aktivität. Im Gegensatz zu früheren Reformversuchen zur Säuberung der Religion gehen die neuen Tendenzen weit über diese Ziele hinaus. Sie streben ein homogenes „islamisches Modell" an, das politische, wirtschaftliche und soziale Komponenten einschließt. Zusätzlich zu der traditionellen ablehnenden Haltung des Islam gegenüber einem „Kommunistischen Modell" sind in der neuen Bewegung auch Züge zu entdecken, die gegen viele Aspekte des „westlichen liberalen oder kapitalistischen Modells" gerichtet sind.

Aus: Hamdy Mahmoud Azzam: Der Islam. Plädoyer eines Moslem. Horst Poller Verlag, Stuttgart 1981, S. 19 f.

▷ Der Islam leistete über Jahrhunderte einen großen Beitrag zur Entwicklung der Wissenschaften. Wodurch kam dies, und was führte wohl zu seiner Krise in der Neuzeit?

4. Die Grundpositionen des Islam

Was ist der Islam?

Aus einem Religionsbuch für moslemische Kinder:
Gott hat die Gesandten geschickt, um die Menschen die richtige Art der Gottesverehrung zu lehren, um ihnen gute Taten zu zeigen und sie von bösen abzuhalten.
Die Lehren und Vorschriften, die die Gesandten uns von Gott überbringen, heißen Religion.
Religiös ist der Mensch, der Gott kennt und seine Lehre befolgt. Wer religiös ist, befindet sich im Leben auf dem geraden Weg und verehrt und achtet alle Menschen. Gott liebt die religiösen Menschen.
Die islamische Lehre und Vorschriften sind durch Mohammad von Gott den Menschen gebracht worden.
Moslem ist derjenige, der den Islam angenommen hat. Die islamische Religion ruft die Menschen zur Gottesverehrung und zu guten Taten auf.
Der Islam befiehlt, daß wir alle zueinander gut und freundlich sein sollen.
Der Islam fordert von allen, Gutes zu tun und den bedürftigen Menschen zu helfen.
Der Islam ist die beste Lebensordnung.

Aus: Religionsbuch für moslemische Kinder. Herausgegeben vom Islamischen Zentrum Hamburg, Schöne Aussicht 36, 2000 Hamburg, S. 9.

Anleitung zum rechten Glauben und Leben durch den Koran

Setz nicht (dem einen) Gott einen anderen Gott zur Seite, damit du (schließlich) nicht getadelt und verlassen dasitzt! Und dein Herr hat bestimmt, daß ihr ihm allein dienen sollt.
Koran, Sure 17,22-23

Ich bin Allah, der Allwissende. Dies [der Koran] ist ein vollkommenes Buch; es ist kein Zweifel darin; eine Richtschnur für die Rechtschaffenen; die da glauben an das Ungesehene und das Gebet verrichten und spenden von dem, was wir ihnen gegeben haben; und die glauben an das, was wir ihnen gegeben haben; und die glauben an das, was vor dir offenbart ward, und fest auf das bauen, was kommen wird. Sie sind es, die der Führung ihres Herrn folgen, und sie werden Erfolg haben.
Koran, Sure 2,2-6.

Ihr Gläubigen! Glaubt an Gott und seinen Gesandten und die Schrift, die er auf seinen Gesandten herabgesandt hat, und die Schrift, die er (schon) früher herabgesandt hat! Wer nicht an Gott, seine Engel, seine Schriften, seine Gesandten und den jüngsten Tag glaubt, ist (damit vom rechten Weg) weit abgeirrt.
Koran, Sure 4,136.

▷ Was sind die zentralen Glaubensaussagen des Koran?
▷ Was leitet sich hieraus für das Verhalten der Gläubigen ab?

Der Koran – das Buch Gottes

Für den Muslim ist der Koran wichtigster Glaubensinhalt, der die Bedeutung, welche die Bibel für die Christen hat, weit übersteigt. Muslimische und christliche Theologen – so bereits Nathan Söderblom und Heinrich Frick – vergleichen, wie bereits erwähnt, bisweilen die Bedeutung des Korans für den Islam mit der Jesu Christi im Christentum. Daher versteht man auch, warum sich die Muslime gegen die Bezeichnung Mohammedaner wehren; denn diese Analogiebildung zu Christen weist Muhammad eine heilsgeschichtliche Bedeutung zu, die er nicht besitzt.

„Die heilige Nacht des Christentums ist die Weihnacht, in der Gott in einem Stall Mensch wurde. Im Islam entließ im heiligen Monat Ramadan Gott aus Gnade und Barmherzigkeit ein Buch, den Koran, der von dem göttlichen Gesandten Muhammad empfangen und den Menschen zur Rechtleitung übermittelt wurde... Somit ist der Koran und nicht sein bloßer Überbringer das Bindeglied zwischen Gott und Mensch im Islam" (H. Frick: Vergleichende Religionswissenschaft, Berlin und Leipzig 1928, S. 68 ff.).

Die heilige Offenbarungsnacht des Islam wird folgendermaßen beschrieben:
„Siehe, WIR ließen IHN niedersteigen zur Herrlichen Nacht.
Kannst du dir ausdenken, was diese herrliche Nacht?
Diese herrliche Nacht ist besser als tausend Monde.
Da stiegen die Engel herab und der Geist
auf ihres Herrn Geheiß mit der Ganzheit des Wortes.
Heilbringend war sie bis zum Aufstieg des Morgenrots."
(Sure 97 in der Übersetzung von Claus Schedl: Muhammad und Jesus. Die theologisch relevanten Texte des Korans, neu übersetzt und erklärt, Wien 1978, S. 111)

Der Koran ist das „Wort Gottes". Doch hat nicht etwa ein Mensch aufgrund göttlicher Eingebung diese Schrift verfaßt. Der Prophet verhielt sich nämlich beim Offenbarungsempfang vollkommen passiv. Der verbal inspirierte Koran darf nicht mit Werken menschlicher Literatur auf eine Stufe gestellt werden. Die Sprache des Korans ist das Arabische, das damit zu einer *heiligen Sprache* wird: „Die Form des Korans ist die arabische Sprache, die – religiös gesprochen – so unzertrennbar vom Koran ist, wie der Körper Christi von Christus selbst" (Seyyid Hossein Nasr: Ideals and Realities of Islam, London 1975, S. 44).

Zwar wurde der Koran später zum Zweck der religiösen Unterweisung in die verschiedensten Sprachen übersetzt, aber trotzdem kommt dem arabischen Original bis heute eine unvergleichliche Bedeutung zu. Jeder islamische Theologe muß daher auch des Arabischen mächtig sein.

Der Koran ist das Abbild eines präexistenten Urbuches, der „Mutter des Buches", mit der er genau übereinstimmt. Gott selbst hat mit der „göttlichen Feder" diese Schrift verfaßt. Nicht nur der gesamte Koran, sondern jeder einzelne Vers gilt als Wunderzeichen (Aya). Später arbeiteten islamische Theologen die Lehre von der Unübertrefflichkeit des Korans aus, der keine inneren Widersprüche und nur zutreffende Prophezeiungen, ja sogar die Vorwegnahme einer Reihe naturwissenschaftlicher Erkenntnisse enthalte.

Aus: Monika Tworuschka, Allah ist groß. GTB Siebenstern, Gütersloh 1983, S. 64 f.

Türkisches Mädchen beim Lesen des Korans in einer Koranschule in Düsseldorf

▷ Welche Bedeutung hat der Koran im Vergleich zur Bibel?

Das Glaubensbekenntnis eines gläubigen Muslims

Im Namen Gottes [Allahs], Welcher Vorkehrung traf für unsere höchste Entwicklung, und Der unsere Taten aufs Beste belohnt. Islam bedeutet, Frieden finden, indem man sich dem Willen Gottes unterordnet.

Ich bin ein Muslim: das heißt, ich glaube an den Islam, oder ich ordne mich dem Willen Gottes unter.

Ich glaube an Gott: Es gibt nur einen Gott und Er ist auch der alleinige Gott: alle Dinge haben in Gott ihren Ursprung und sind von Ihm abhängig; sie bedürfen Seiner Unterstützung und Seines Unterhaltes. Er benötigt keine Hilfe. Weder zeugt Er, noch ist Er gezeugt worden. Keiner ist Ihm ebenbürtig und keiner ist Ihm gleich.

Ich glaube an Gottes Engel: Sie sind die Mittler, durch die Gott mit Seinen Dienern in Verbindung steht. Sie führen noch viele andere Funktionen aus.

Ich glaube an die Offenbarungen Gottes, welche von Zeit zur Zeit an die Menschheit ergehen und sie den richtigen Weg führen sollen. Die früheren Offenbarungen waren begrenzt in ihrem Wirkungskreis und Anwendung. Sie sollten den Stamm, die Nation oder das Volk richtig lenken, dem sie offenbart wurden. Sie waren immer dem jeweiligen Entwicklungsstadium angepaßt, den der Stamm, die Nation oder das Volk gerade hatte.

Die letzte, vollkommene und für die ganze Welt bestimmte Offenbarung ist im Heiligen Quran zu finden, der eine Aufzeichnung der direkten mündlichen Offenbarung Gottes an den Heiligen Propheten des Islams Mohammad (Gottes Friede sei mit ihm) ist, für den rechten Glaubensweg aller Menschen.

Ich glaube an Gottes Propheten: An alle von ihnen, an Noah, Abraham, Moses, Jesus, Buddha, Krishna und Mohammed (Gottes Friede und Segnungen seien mit ihnen!). [...][1]

Ich glaube an eine Auferstehung der Seele und an ein Leben nach dem Tode.

Ich glaube, daß Gott der Ursprung aller Güte und aller Wohltaten ist. Die Gewalt und das Maß aller Dinge wird von Ihm bestimmt.

Der Islam lehrt, daß es das Ziel der menschlichen Existenz sein solle, Verbindung mit Gott zu erlangen, indem man die göttlichen Eigenschaften auf sich wirken läßt. Aus diesem Grunde ist der Mensch mit entsprechenden Gaben und Fähigkeiten ausgestattet. Der rechte und richtige Gebrauch dieser Gaben und Fähigkeiten führt zu einer segensreichen Entwicklung und bringt den Menschen Erlösung. Der Mißbrauch und die Vergeudung dieser Gaben und Fähigkeiten führt zur Torheit und macht solch einen Menschen untauglich für seine Erlösung, bis diese Torheit ausgetrieben ist und eine gesunde Entwicklung eintritt.

Alle Menschen werden rein geboren, schlechte Einwirkungen kommen von außen, als ein Ergebnis bewußt begangener schlechter Taten und Gedanken und absichtlicher Unterlassungen.

Jeder einzelne von uns muß sich seine Erlösung durch eigenes Bestreben und seine eigene Mühe erarbeiten, indem er die Gnade, die Gunst und die Liebe Gottes sucht und gewinnt. Keine andere Person kann für uns Erlöser sein. Jede Handlung, die innerhalb eines gebührenden Bereiches und aus einem guten Beweggrunde vollführt wird, ist gut. Jede Haltung, die außerhalb dieses erlaubten Bereiches oder aus einem schlechten Beweggrund vollführt wird, ist schlecht. Das Gebet ist ein sehr wirkungsvoller und grundsätzlicher Weg, um zu Gott zu gelangen. Andere Wege sind körperliche, geistige und moralische Disziplin;

diese schließt ein: Fasten, Nächstenliebe, Wohltätigkeit, Hilfsbereitschaft und Toleranz und anderes mehr.
Gott ist die absolute Reinheit. Wir können nur zu Ihm gelangen, wenn wir selbst rein sind an Körper, Geist und Seele, im Denken und im Handeln.
Der Islam gibt Richtlinien und Grundsätze für richtige Lebensweise. Er verbietet jede Art von Unrecht und Übertretung gegenüber unseren Mitmenschen; ja, er verbietet allein schon ein Benehmen, das die Gefühle Andersdenkender verletzen könnte. Ferner verbietet er schlechte Gedanken und Absichten.
Der Islam schärft uns ein, daß wir uns höflich gegen andere benehmen sollen, ohne Rücksicht darauf, ob andere höflich gegen uns sind oder nicht. Er lehrt, daß die Güte gegen alle Menschen so sein soll, wie sie naturgemäß gegenüber Eltern, Brüdern und Schwestern ist.
Auf wirtschaftlichem Gebiet versucht der Islam, eine möglichst gerechte Verteilung des Reichtums herbeizuführen. Er lehrt, daß alles Eigentum und alle Macht Gott gehört, Ihm, dem Herrn aller Welten; die Erde und ihre unermeßlichen Schätze, die Sonne, der Mond, die Sterne, der Wind, der weht, die regenspendenden Wolken, alles sind Geschenke Gottes an alle Menschen. Deshalb tritt er zur Aufteilung des Reichtums dafür ein, daß der Beitrag der Gemeinschaft als solcher auch wirklich gegeben und zur Förderung der ganzen Gemeinschaft nutzbar gemacht wird. Dieser Beitrag wird in Form einer Armensteuer erhoben und Zakat genannt. Die Einnahmen aus Zakat werden für bestimmte festgelegte Zwecke verwandt. Zum Beispiel: Zur Linderung der Armut und Not, für öffentliche Einrichtungen, an denen alle Schichten der Gemeinschaft Anteil haben, wissenschaftliche und industrielle Forschung, Stipendien für Studenten und Forscher, Beihilfe an besonders Begabte, denen das Geld fehlt, usw.
Der Islam anerkennt und schützt Privateigentum, aber er betrachtet alles Eigentum als von Gott zur Verfügung gestellt. Durch das System der Erbschaft versucht er eine weite Verteilung des Reichtums in jeder Generation zu sichern. Der Islam verbietet den Zinsgeldverleih, gleichzeitig durch die Erhebung der Zakat bekämpft er die Ansammlung des Reichtums in den Händen weniger. Er versucht den Handel und die Industrie zu fördern, indem er Privatunternehmen, Teilhaberschaften und Aktienkapitalgesellschaften unterstützt.
Der Islam macht es dem Staat zur Pflicht, für alle Bürger ein angemessenes Minimum der lebensnotwendigen Dinge zu sichern.
Auf sozialem Gebiete verwirklicht er die Bruderschaft und die Gleichheit aller Menschen. Es gibt im Islam keine Vorrechte oder Nachteile, die auf Unterschieden in Rasse, Farbe, Stand oder Klasse basieren. […]
Tritt immer ein für wahren Glauben, Gerechtigkeit, anständiges Handeln und objektives Recht.
Glaube an Gott, wenn auch die ganze Welt gegen dich stehen mag.
Gottes Liebe und Güte sind das Ergebnis aller Weisheit. Möge Gott dich segnen und bewahren und dir immer gnädig sein.

Aus: Sir Zafrulla Khan, Mein Glaube, Verlag „Der Islam", Frankfurt, o. J., S. 2–8
1: Sir Zufralla Khan ist Ahmadi-Muslim. Die hier vorgebrachte Aufzählung von Propheten wird in dieser Form nicht von allen Richtungen des Islam anerkannt.

▷ Was folgt Sir Zafrulla Khan aus dem islamischen Glauben für sein persönliches Verhalten?
▷ Gibt es Unterschiede z. B. zum christlichen Glauben und Verhalten?

Die Fünf Grundpfeiler des Islam

Der Prophet Mohammed soll folgende fünf Pflichten des Gläubigen als die Grundpfeiler *(arkan)* des islamischen Glaubens bezeichnet haben:
- **das Glaubensbekenntnis**, *die Schahada:* „Es ist kein Gott außer Allah, und Mohammed ist sein Prophet!"
- **das tägliche Pflichtgebet**, *die Salat:* Morgen-, Mittags-, Nachmittags-, Sonnenuntergangs- und Nachtgebet mit Blick gen Mekka.
- **das Almosengeben**, *die Sakat:* Almosensteuer für die Armen und die Sache des Glaubens.
- **das Fasten im Monat Ramadan**, *der Saum:* das jährliche einmonatige Fasten während des Tages.
- **die Pilgerfahrt nach Mekka**, *der Hadsch:* jeder Moslem soll einmal in seinem Leben zum Heiligtum der Kaaba in Mekka wallfahren.

Das Gebet

Wie in fast jeder Religion steht das Gebet auch im Islam an erster Stelle. Die Formen in den einzelnen Religionen mögen verschieden sein, Inhalt und Ziel sind jedoch die gleichen. Im Islam werden die Gebete mit einer bestimmten Körperhaltung verbunden und von rituellen religiösen Texten begleitet; das Gebet ist immer ein geistiger Akt der Verehrung und Unterordnung unter den Willen Gottes, demonstriert als ein Mittel zur direkten Kommunikation des Menschen zu seinem Schöpfer.
Der große Imam Sheik Mahmoud Schaltout nennt die Gebete „die fünf göttlichen Reisen"; die Vorschriften des Islam beziehen sich auf fünfmaliges Beten am Tage, nämlich auf das Morgengebet (zwischen Morgenröte und Sonnenaufgang); auf das Mittagsgebet (zwischen Mittag und der ersten Hälfte der Zeit bis zum Sonnenuntergang); auf das Nachmittagsgebet (in der zweiten Hälfte von Mittag

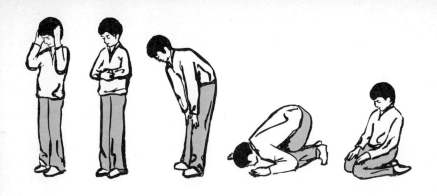

Körperhaltungen beim islamischen Gebet: 1 Takbir (Beginn des Gebetes), 2 Qiyam (Stehen), 3 Ruku'u (Verbeugung), 4 Sadscha (Niederwerfung), 5 Qa'ada (Sitzen)

bis Sonnenuntergang); auf das Sonnenuntergangsgebet (zwischen Sonnenuntergang und Ende der Dämmerung); und auf das Abendgebet (zwischen dem Ende der Dämmerung bis zum Beginn der Morgenröte).
Die körperlichen Bewegungen und die Gebetstexte sind genau vorgeschrieben. Die Gebete haben ihren Anfang jeweils mit der Al-Fatiha-Sure, der ersten Sure des Koran, die wiederholt rezitiert wird neben anderen Koransuren, die der Betende dann selbst auswählt. Es steht dem Moslem frei, neben den fünf Pflichtgebeten weitere Gebete alleine oder innerhalb einer Gruppe zu verrichten.
Das Verrichten der Gebete zusammen mit der eigenen Familie wird dem Beten ‚alleine' vorgezogen. Die Ankündigung der Gebetszeit erfolgt durch den Muezzin mit dem vorgeschriebenen Text: „Gott ist groß, ich bezeuge, daß es nur einen Gott gibt, und ich bezeuge, daß Mohammed der Gesandte Gottes ist. Auf zum Gebet, auf zum Heil. Gott ist groß, es gibt nur einen Gott." In den Anfängen des Islam waren die Gebete in Richtung Jerusalem gerichtet bis zu dem Zeitpunkt, in dem der Koran befahl, in Richtung Mekka zu beten. Diese Vorschrift gilt ebenso, wenn ein Moslem sich auf Reisen in andere Länder befindet. Die Gebete bedürfen nicht der Anwesenheit in einer Moschee, sie können überall ausgeführt werden.
Das Mittagsgebet an Freitagen soll der Moslem jedoch in einer Moschee innerhalb einer gleichgläubigen Gruppe halten. Die Besonderheit des Freitagsgebetes in der Moschee liegt auch in der dort stattfindenden Ansprache durch einen der Betenden. In islamischen Ländern ist somit der Freitag der wöchentliche Ruhetag. Vergleichbar dem Sonntag in den westlichen Ländern.
Ebenso obligatorisch ist das gemeinsame Gebet zum „Idul Fitr", einem Fest am Ende des Fastenmonats Ramadan, und zum „Idul Adha", dem Opferfest am Ende der Pilgerfahrt. Totengebete gehören nach islamischer Vorschrift zum Beisetzungsritual. Der Verstorbene wird gewaschen, in ein einfaches Leichentuch gehüllt und zur Moschee getragen, wo die Totengebete stattfinden. Die Beisetzung in der Erde geschieht ohne Pomp und große Grabanlagen.

Jeweils vor dem Gebet ist der Moslem verpflichtet, sich zu waschen. Die sogenannte kleine Waschung, „wudu" genannt, besteht aus dem Waschen der Hände, Arme bis Ellenbogen, der Füße bis zum Knöchel, dem Gesicht, Kopf und Nacken. Mund und Nasenlöcher werden durch Wasserspülungen gereinigt. Mit der ‚großen Waschung' ist ein Vollbad gemeint, dies ist unter anderem nach dem Beischlaf vorgeschrieben. Die Vorschriften des Islam legen bemerkenswerte Sorgfalt auf Hygiene und Sauberkeit. Der Prophet ging sogar soweit, den Moslems das Schneiden der Nägel und Haare sowie das Zähneputzen zu empfehlen. Wie er die Moslems wissen ließ: „Hätte ich nicht befürchtet, mein Volk zu überfordern, dann hätte ich das Zähneputzen fünfmal am Tag empfohlen." Waschungen erfolgen immer mit sauberem Wasser. Sollte kein Wasser vorhanden sein, wie z. B. auf Reisen, besteht die Möglichkeit, sich trockenen Sandes als Ersatz zu bedienen.

Aus: Hamdy Mahmoud Azzam: Der Islam. Plädoyer eines Moslems. Horst Poller Verlag, Stuttgart 1981, S. 86 ff.

▷ Welchen Sinn könnte es haben, daß der Islam das **Gebet** durch vorgeschriebene Gebetshaltungen und -zeiten ritualisiert hat?
▷ Gibt es in anderen Religionen vergleichbare Vorschriften?
▷ Azzam meint, daß „Inhalt und Ziel" des Gebetes in fast allen Religionen gleich seien. Stimmt das?
▷ Die **„Fünf Grundpfeiler des Islam"** sind im Verlauf des Heftes bereits einzeln vorgestellt worden: das Fasten im Monat Ramadan auf S. 16/17, die Pilgerfahrt nach Mekka auf S. 18/19, der Glauben auf S. 30/31, das Gebet auf S. 34/35 und die Armenspende auf S. 31.
Welche Wirkung und welche Funktion hat jede dieser Säulen für die Gemeinschaft der Gläubigen?
▷ Man kann bei fast allen Religionen unterscheiden zwischen „Glauben", „Ethik" und „Ritus": Welchen dieser drei Kategorien sind die „Fünf Säulen" zuzuordnen?

Muslimische Gläubige beim Gebet auf einem internationalen Flughafen

III. Der ethische Beitrag des Islam

Die Gebote des Koran

Die Frömmigkeit besteht nicht darin, daß ihr euch (beim Gebet) mit dem Gesicht nach Osten oder Westen wendet. Sie besteht vielmehr darin, daß man an Gott, den jüngsten Tag, die Engel, die Schrift und Propheten glaubt und sein Geld – mag es einem noch so lieb sein – den Verwandten, den Waisen, den Armen, dem, der unterwegs ist, den Bettlern und für (den Loskauf von) Sklaven hergibt, das Gebet *(salat)* verrichtet und die Almosensteuer *(zakat)* bezahlt. Und (Frömmigkeit zeigen) diejenigen, die, wenn sie eine Verpflichtung eingegangen haben, sie erfüllen, und die in Not und Ungemach und in Kriegszeiten geduldig sind. Sie (allein) sind wahrhaftig und gottesfürchtig.

(Koran, Sure 2, 177)

Sag: Kommt her! Ich will (euch) verlesen, was euer Herz euch verboten hat: Ihr sollt ihm nichts (als Teilhaber an seiner Göttlichkeit) beigesellen. Und zu den Eltern (sollt ihr) gut sein. Und ihr sollt nicht eure Kinder wegen Verarmung töten – *wir* bescheren ihnen und euch (den Lebensunterhalt). Und ihr sollt euch auf keine abscheulichen Handlungen einlassen, (gleichviel) was davon äußerlich sichtbar oder verborgen ist, und niemand töten, den (zu töten) Gott verboten hat, außer wenn ihr dazu berechtigt seid. Dies hat Gott euch verordnet. Vielleicht würdet ihr verständig sein. Und tastet das Vermögen der Waise nicht an, es sei denn auf die (denkbar) beste Art! (Laßt ihr Vermögen unangetastet) bis sie volljährig geworden ist (und selber darüber verfügen darf)! Und gebt volles Maß und Gewicht, so wie es recht ist! Von niemand wird mehr verlangt, als er (zu leisten) vermag. Und wenn ihr eine Aussage macht, dann seid gerecht, auch wenn es ein Verwandter sein sollte (gegen den ihr auszusagen habt)! Und erfüllt die Verpflichtung (die ihr) gegen Gott (eingeht)! Dies hat Gott euch verordnet. Vielleicht würdet ihr euch mahnen lassen. Und (er läßt euch sagen:) Dies ist mein Weg. (Er ist) gerade. Folgt ihm! Und folgt nicht den (verschiedenen anderen) Wegen, daß sie sich (nicht) mit euch teilen (und euch) von seinem Wege (wegführen)! Dies hat Gott euch verordnet. Vielleicht würdet ihr gottesfürchtig sein.

(Koran, Sure 6,151-153)

Aus: Der Koran, übersetzt von Rudi Paret. Kohlhammer Verlag, Stuttgart 1962

Anleitung zum rechten Verhalten durch den Koran

Der Islam ist ein das ganze Leben seiner Anhänger umfassendes und bestimmendes Gefüge religiöser Traditionen, gesellschaftlicher Ordnungen und politischer Bindungen. Er ist keine Kirche, er ist weniger und gleichzeitig mehr. Ihm fehlt zwar die kirchliche Organisation, aber in der Ausdehnung ihrer Befugnisse ist die islamische Gemeinde mehr als die Kirche. Sie beschränkt sich nämlich nicht allein auf den geistlichen Betrieb, sondern sie umschließt den Menschen in all seinen Bestrebungen und in seinem ganzen Wirken. Der Koran ist die Mitte der islamischen Gemeinschaft. Durch die tägliche, laut vorgetragene Rezitation macht sich der Moslem den Koran innerlich zu eigen. Folglich benutzt er auch im profanen Leben koranische Formulierungen und eignet sich eine koranische

Denkweise an, die sein Weltbild prägt. Wie also ein Christ sagen kann, daß er mit Christus lebe, so kann das der Moslem vom Koran sagen. Daher ist die Heilige Schrift des Islam kein abstraktes Buch, das als Objekt für sich besteht. Der Koran existiert als Anrede, die Antwort erwartet, die den Hörer mit einbezieht, d. h. der Koran schafft sich eine Gruppe von Nachfolgern: die islamische Gemeinde. Sie – die Moslems – leben in und nach ihm, und er – der Koran – lebt umgekehrt in, mit und unter der Rezitation und Antwort des Glaubens weiter. Vor diesem Hintergrund muß das tägliche Leben im Islam gesehen und verstanden werden.

Aus: Muhammed S. Abdullah, Leben im Islam. In: Fremde Welt Islam. Einblicke in eine Weltreligion. Hrsg. von Anton Schall. Matthias-Grünewald-Verlag, Mainz 1982. S. 29.

Gut und Böse

Einem koranischen Vers zufolge ist alles, was es an Gutem gibt, von Gott. Das Böse ist hingegen eine Folge des menschlichen Fehlverhaltens. Es ist entschieden besser, sich das Meiden vom Bösen zum Leitmotiv des Handelns zu machen, als dem Guten zuzustreben, ohne Rücksicht darauf, ob dabei jemand zu Schaden kommt. Das erste Gebot ist es also, nicht zuzulassen, daß das Böse geschieht. Der Maßstab des Guten und Bösen ist in Zweifelsfällen das Gewissen. „Die Sünde ist alles, was hinterher im Herzen ein Gefühl der Unruhe entstehen läßt", sprach Muhammad.
Zu den schlimmsten Sünden gehören nach dem islamischen Moralkodex: Vielgötterei, Intrigen, Mord, Zauberei, Auflehnung gegen Eltern, Meineid, Unzucht, Diebstahl, Veruntreuung, Aneignung von Waisen-Vermögen, Ungerechtigkeit, Tyrannei, Fahnenflucht, Verleumdung ehrenswerter Frauen, Lüge, Fluchen und Homosexualität. „Gott befiehlt euch, euren Nächsten gegenüber gerecht, großherzig und freigebig zu sein, und verbietet euch schändliche Taten, Bosheiten, Verbrechen und Intrigen" (16,91). „Diejenigen, die sich Böses haben zuschulden kommen lassen, werden im Ausmaß der gesetzten Schlechtigkeit bestraft werden. Schmach soll über sie hereinbrechen. Im Angesicht Gottes wird ihnen kein Beschützer zur Seite stehen. Es wird ihnen vielmehr scheinen, als wären ihre Gesichter mit Schleiern verhüllt, die aus tiefem Nachtdunkel hergestellt sind" (10,28).
„Wer eine gute Tat vollbringt, dem soll zehnfach vergolten werden; wer aber eine böse Tat setzt, der soll das Gleiche als Lohn empfangen. Kein Unrecht soll ihnen widerfahren" (6,161). Dem Menschen, der sich an das Böse gewöhnt hat, kommen böse Taten normal, ja schön vor: „Der Satan hat ihnen ihre Handlungen im schönsten Licht erscheinen lassen, um sie durch Selbstsicherheit zu betören und sie vom (rechten) Weg abgehalten" (29,38). Einem solchen Menschen wird angeraten, den Koran zu lesen und das Gebet zu verrichten: „Verlies, was dir von der Schrift (als Offenbarung) eingegeben worden ist! Und verrichte das Gebet, denn das Gebet hält von Schändlichkeiten und Unrecht ab. Aber Gottes zu gedenken bedeutet noch mehr. Und Gott weiß, was ihr tut" (29,45). Die christliche Tugend, Böses mit Gutem zu vergelten, wird auch vom Islam gefordert.

Aus: S. Balic. Böse. Islamisch, in: Lexikon religiöser Grundbegriffe. Judentum, Christentum, Islam, hrsg. von Adel Theodor Khoury. Styria Verlag, Graz–Wien–Köln 1987, 105 f.

▷ Welchen Anspruch hat der Islam gegenüber seinen Gläubigen?
▷ Was ist Fehlverhalten, und wie wird es bestraft?

Muslimische Erziehung

Ein Gespräch zwischen muslimischen Frauen zweier Generationen
Ältere: „Was machen deine Kinder, Aischa?"
Jüngere: „Die Kleine ist auf dem Spielplatz, und der zehnjährige Ali ist mit Freunden in der Stadt."
Ältere: „Hast du keine Angst, die Kinder einfach ohne Aufsicht allein zu lassen? Ich hätte das nie mit meinen gewagt. Kinder unter sich sind doch kleine Teufel, die brauchen Führung und manchmal auch eine starke Hand."
Jüngere: „So war es früher. Die heutige Erziehung läßt dem Kind mehr Freiheit, damit es sich selbständig entwickeln kann."
Ältere: „Und wozu führt das ganze? Mein Mann sagt oft: Die Zeitungen sind voll von Überfällen. Und wenn einer von diesen Rowdys geschnappt wird, dann wird er behandelt wie ein rohes Ei mit dem Ergebnis, daß er nachher auf der schiefen Bahn weitermacht. Früher, sagt mein Mann, wurde so ein Lümmel ausgepeitscht, und wenn er gestohlen hatte, wurde ihm sogar in Saudi-Arabien die Hand abgehackt. Dann war ein für alle Male Ruhe. Auch auf die anderen hat das abschreckend gewirkt und ist deshalb gar nicht oft vorgekommen."
Jüngere: „Du gibst aber doch zu, daß das rohe Methoden waren, die heute nicht mehr zeitgemäß sind. Wir müssen auf die Kinder eingehen und, wenn einer straffällig wird, ihn so weit bringen, daß er sein falsches Verhalten selbst erkennt."
Ältere: „Roh hin oder her, genützt hat es, und zu meiner Jugendzeit haben Kinder und Jugendliche gewußt, was sich gehört. Sie waren zuvorkommend zu älteren Leuten, und niemand mußte fürchten, daß ihm die Tasche aus der Hand gerissen wurde und er wegen ein bißchen Geld niedergeschlagen und ausgeraubt wurde. Und heute? Ich sage dir: Heute haben wir bald nur noch Mord und Totschlag; und alles, weil die Menschen die Vorschriften der Religion nicht mehr ernst nehmen."

Aus: Funkkolleg Religion, Gütersloh 1985, S. 200 f. Text von Peter Antes. Der Dialog wurde vom Autor entsprechend einem häufig auftretenden Argumentationsmuster verfaßt.

Unterordnung als traditionelles muslimisches Erziehungsprinzip
Islam – der Gehalt des Wortes deutet auf Hingabe, Ergebung, Unterwerfung. Unterordnung verlangt Gehorsam, die Gewöhnung fordert Disziplin. Soll Ergebung zur charakterlichen Haltung werden, muß sie in einem weiten, persönlichen Umfeld geübt werden. So beginnt die Erziehung zur religiös bedingten Subordination in der patriarchalischen Struktur der Familie.
Die Familie ist ein Bollwerk, das allen Angehörigen Schutz, Sicherheit und Versorgung garantiert. Die Gesetze dieser Sozietät sind zwar ungeschrieben, sie werden jedoch als selbstverständlich respektiert. Die Anpassung geschieht nicht über wortreiche Explikationen, sondern über Vorbild und Nachahmung. Die Angehörigen kennen und anerkennen die ihnen zustehende Rolle und wachsen langsam in ihre Stellung innerhalb des Clans hinein.
Dem ältesten Mann wird das höchste Maß an Ansehen, Ehrerbietung und Höflichkeit eingeräumt. Dafür erwartet man von ihm beispielgebendes Verhalten im innerfamiliären Bereich ebenso wie außerfamiliär als dem Repräsentanten seiner Schutzbefohlenen. Er trägt die Last der Entscheidungen in wichtigen wie nichtigen Dingen, befindet etwa über den An- und Verkauf von Werten, über die Wahl von Wohnsitz und Wohnung oder über die Ausbildung und Partnerwahl

seiner Kinder. Er verwaltet die Finanzen und findet es nicht unter seiner Würde, beim Krämer an der Ecke, im städtischen Basar oder auf dem ländlichen Wochenmarkt für die Seinen einzukaufen. Er ist sich seiner Verantwortung bewußt und darf dafür Anerkennung erwarten.

Die Meinung des Patriarchen ist für alle Jüngeren ein Tabu, und spontantes Widersprechen zählt zu den groben Ungehörigkeiten. [...]

Eine schulische Erziehung, die sich die Heranbildung manueller und intellektueller Fähigkeiten als Grundlage des späteren Schulbesuchs zum Ziele setzt, fehlt in den meisten Familien, *spielendes Lernen* ist kein Prinzip, Fertigkeiten gibt man im Hinblick auf ihre Utilität an die nächste Generation weiter. Vor allem für die kleinen Mädchen regiert die Pflicht des Alltags. Beschäftigungen, deren praktischer Wert nicht augenfällig ist, haben zu unterbleiben.

Da Kinder angehalten werden, im Beisein von Erwachsenen zu schweigen, können sie ihre Möglichkeiten der verbalen Reaktion kaum üben. Der Wortschatz bleibt auf die notwendigen Äußerungen des täglichen Lebens beschränkt. Vor allem die Landfrau mit ihrem umfangreichen Arbeitspensum wäre von dem Ansinnen, sich über belehrende Gespräche zu allgemeinen Themen mit ihrem Nachwuchs zu befassen, weit überfordert. Die Kleinen werden je nach Situation geherzt, geschimpft oder getröstet; daneben bedient sich die familieninterne Kommunikation der Form des Imperativs.

Der Segen von Kindergärten ist noch nicht allenthalben erkannt. Entsprechende Einrichtungen finden sich bislang nur in den Städten, und hier sind es vornehmlich berufstätige Mütter, die ihre Bübchen oder Mädchen der Obhut einer Erzieherin anvertrauen. Im allgemeinen kümmern sich die jungen Frauen selbst um ihre Kinder; brauchen sie eine Hilfe, so findet sich eine mütterliche, vertrauenswürdige *Dadi*, eine Kinderfrau, die das kleine Volk beaufsichtigt. [...]

Weder Zuckertüte noch sonst Erfreuliches verbrämen den Gang in den neuen Lebensabschnitt. Man steckt die Mädchen in eine Schürze und die Knaben in einen Kittel, jeweils aus schwarzem Baumwollsatin geschneidert, aufgehellt durch einen weißen Kragen, in Kleidungsstücke, die nicht nur schützen, sondern die die Egalisierung der äußeren Erscheinung garantieren. So soll erreicht werden, daß sich in der jungen Gemeinschaft Anpassungsfähigkeit, gute Auffassungsgabe und Memoriergeschick über soziale Unterschiede erheben.

[...]

Der Lehrer ist Respektsperson, eine ernste, distanzierte Persönlichkeit. Psychologisches Verständnis für Heranwachsende wird erwartet, die Lehrer-Schüler-Kameraderie allerdings abgelehnt. Viele Eltern sind bis heute der Meinung, daß ein Kind nur dann etwas lerne, wenn ihm die Schule neben umfangreichem Memorierstoff auch die nötige Furcht einflöße. Wohl ist die Prügelstrafe vom Gesetz her verboten, jedoch sitzt die pädagogische Hand, genau wie im Elternhaus, sehr locker. Es gehört mit zum Schulleben, daß die Kinder im Angesicht ihrer Lehrer ein leichtes Unbehagen beschleicht. Den Zorn des Achtunggebietenden möchten sie nicht herausfordern. Als Folge befleißigen sie sich höchstmöglicher Einordnung in die Klassengemeinschaft und sind vor allem darauf bedacht, ihrem Lehrer zu Diensten zu sein.

Erziehung wie Erzieher sind gleichermaßen autoritär. Die Schüler springen auf, wenn ein Lehrer die Klasse betritt oder wenn sie im Unterricht aufgerufen werden. Bei Zurechtweisungen lassen sie die Tiraden in strammer Haltung über sich ergehen, die Jungen mit angelegten Händen, die Mädchen mit schamhaft

Türkische Jungen in einer Koranschule in Berlin-Kreuzberg

eingezogenem Kopf. Sich wortreich verteidigen zu wollen, wäre in den meisten Schulstuben ein Wagnis besonderer Art. Ebenso gewagt wäre es, beim Gespräch mit dem Lehrer die Hände in den Schürzentaschen zu lassen oder etwaiges Mißfallen durch herabgezogene Mundwinkel zu demonstrieren. Zusammenstöße zwischen Elternhaus und Schule sind kaum vorstellbar. Bedenken werden zurückhaltend, in gesetzter Form und unter vorheriger Entschuldigung vorgebracht. Die Aktionen der Schule werden akzeptiert, der Lehrer hat recht. Die Kinder leiden nicht unter Erziehungszwiespalt, denn die pädagogischen Ausrichtungen bewegen sich im Gleichklang. Für jeden, der Einfluß auf Heranwachsende für sich beanspruchen darf, ist *Gehorsam* das oberste Erziehungsziel, – Gehorsam im Sinne der Religion: Unterordnung, Ergebung, Disziplin.

Aus: Sigrid Weiner, Maschallah. Islam und Alltag in der Türkei. Verlag Ludwig Auer, Donauwörth 1985, S. 7ff.

▷ Führen Erziehungsmethoden wie die, die Aischa (Text S. 39) anwendet, zur Verrohung der Jugend und damit der Gesellschaft?
▷ Ist diese Auseinandersetzung zwischen den beiden Frauen ein rein muslimisches Problem?
▷ Ist es erstrebenswert, als „Familienoberhaupt" stets „beispielgebendes Verhalten" zeigen und immer allein die „Last der Entscheidungen" tragen zu müssen?
▷ Kommt bei einem solchen Schulunterricht mehr heraus als bei einem freieren?
▷ Welchen Sinn hat „Unterwerfung, Hingabe und Ergebung" in der Gesellschaft, welchen in der Religion?
▷ Erzeugt die religiöse Subordination (Unterwerfung) die gesellschaftliche Unterordnung oder eher umgekehrt?

Zusammenleben und Gastfreundschaft

Wer den Nächsten nicht besucht, kommt nicht ins Paradies. (Hadith)

Der Muslim ist ein Gemeinschaftswesen. Er erhebt Freud und Leid des Nächsten zur eigenen Angelegenheit und darf dafür erwarten, daß man ihm in trüben wie klaren Tagen beisteht. Schlimme Nachrichten lassen begonnene Arbeiten weglegen; man eilt zu den Betroffenen, um ihnen Hilfe anzubieten und Trost zu spenden. Selbst in den Zimmern von Schwerkranken versammeln sich Verwandte und Bekannte und sitzen in Anteilnahme seufzend und klagend ihre Zeit ab. Jaaa... hat man Ähnliches nicht schon selbst auch erlebt? Allah hat geholfen, er wird auch dem heute und hier Geschlagenen beistehen. Jaaa...
Ganz gleich, was es zu sagen oder zu beklagen gibt, die Tür steht dem offen, der daran klopft.
Die Verbindlichkeiten der Gastfreundschaft entsprechen der Häufigkeit der Besuche. Man ist zu jeder Zeit auf Besucher eingestellt. Die Männer suchen die Gemeinschaft von ihresgleichen meist außer Haus, treffen sich in den Teehäusern und besprechen dort eigene und fremde Angelegenheiten. Für die Frauen wiederum ist das Haus der Treffpunkt, und in vielen Familien der großen und kleinen Städte laden sich Freundinnen allen Alters an einem bestimmten Tag der Woche reihum ein. [...]
Auf Eintretende stürzt man nicht mit ausgestreckten Händen zu. Hausfrau oder Hausherr bitten sie höflich ins „Gastzimmer", in jenen großen Raum, der landesweit am sorgfältigsten ausgestattet und nicht unbedingt als Aufenthaltsraum für die Familie genutzt wird. Den Gästen läßt man Zeit, sich im fremden Haus zurechtzufinden. Langsam stellen sich die Familienmitglieder ein. Die Frauen küssen einander leicht auf beide Wangen, auch verwandte oder gut befreundete Männer umarmen und küssen sich, vor allem dann, wenn sie sich über längere Zeit nicht hatten sehen können. Haben sich die Besucher niedergelassen, so reichen ihnen die Gastgeber die Hand und entbieten ein herzliches „Willkommen!" Ohne Ansehen des Geschlechts schicken sich die Kinder und Jugendlichen zum Handkuß an. Sie drükken ihre Lippen auf den Handrücken der dargereichten Rechten und legen diesen kurz an die Stirn. Ohne Aufsehen oder Gerede setzen sie sich dann nieder.
Nun verlangt es die Sitte, jeden nach seinem Befinden zu fragen. Nach der Versicherung eines jeden einzelnen, daß er zufrieden sei, erkundigt der sich seinerseits mit der Formel: „Wie geht es Ihnen?" nach dem Wohlergehen seines Gegenübers. In das Befragungszeremoniell bezieht man abwesende Angehörige oder Freunde ein, entschuldigt eventuell ihr Fernbleiben und entbietet alle Grüße, die aufgetragen wurden. Es wäre eine Verfehlung, das zu unterlassen; denn der Grüßende sucht die Verbindung über Dritte in bester Absicht. Er folgt Gottes Gebot zur Knüpfung mitmenschlicher Beziehungen. Bewußt oder aus Nachlässigkeit nicht überbrachte Empfehlungen gelten als Sünde vor Gott. [...]
Für das leibliche Wohl sorgt die Hausfrau in bestmöglicher Weise. Kommen unerwartete Gäste, so bietet man ihnen an, „was das Haus hat", sicher ein Glas Tee, kräftig, dunkel und süß. In Schalen warten Fruchtbonbons, Zuckermandeln, Haselnuß- und Pinienkerne, geröstete Kichererbsen, vielleicht auch Sonnenblumen- und Kürbiskerne. Hat die Hausfrau noch einen Rest einer der schweren, mit viel Zucker angereicherten Süßspeisen, so verteilt sie davon großzügig und läßt sich ob Kochkünste loben.
Wer zu einer Mahlzeit eingeladen wird, darf eine reich gedeckte Tafel erwarten. Jedoch folgt der Begrüßungs- und Erfrischungszeremonie nicht etwa gleich die Suppe. Nach einem geflügelten Wort „jagt das Essen die Gäste aus dem Haus". In Muße bespricht man deshalb zunächst die Familien- und Tagesneuigkeiten, um sich dann in froher Erwartung an Tisch oder – in ländlichen Gegenden – an tief aufge-

bockter Messing- oder Kupferplatte niederzulassen. Die einzelnen Speisen werden nicht ungeduldig hineingeschlungen. Man ißt mit Genuß und manierlich. Da die linke Hand als die „unreine" gilt, schneidet man häufig die Speisen, legt das Messer weg und gabelt mit der Rechten. [...]
Wohnt man fernab der Hauptreisewege und erscheint eines Tages ein Gast, mag er bekannt sein oder fremd, so schlachtet man ein wertvolles Huhn, vielleicht sogar ein Lamm, auch dann, wenn derartige Zubereitungen sonst den hohen Feiertagen vorbehalten bleiben. [...]
Ist das Familienbudget gering, regiert Schmalhans als Küchenmeister, so bewirtet man seine Besucher im Rahmen der Möglichkeiten. Fladenbrot und ein Glas Ayran werden mit der gleichen Anmut vorgesetzt wie mit Raffinesse zubereitete Köstlichkeiten. Niemand würde deshalb Affekte aufstauen; Armut ist keine Schande. „Gott hat's gegeben", der Gastgeber beugt sich seiner Fügung. [...]
Übertrieben genierliches Gespreize des „Keine-Umstände-Machen-Wollens" registrieren Familienvorstände mit Befremden. Der Ausruf: „Sie geben mir ja gar keine Möglichkeit, Ihnen meine Gastfreundschaft zu erweisen!" zeigt nicht nur Unverständnis und Enttäuschung, sondern läßt das Gefühl des Zurückgewiesenwerdens durchblicken.
Gastfreundschaft wird mit Noblesse und aus ganzer Seele angeboten. Der damit Bedachte sollte sie dankbaren Herzens und dankbaren Wortes akzeptieren.

Aus: Sigrid Weiner, Maschallah. Islam und Alltag in der Türkei. Verlag Ludwig Auer, Donauwörth 1985, S. 81ff..

Schutz des Lebens und Abtreibung

Der Koran fordert den unbedingten Respekt vor dem menschlichen Leben. Der allgemeine Grundsatz lautet: „Wenn einer jemanden tötet (und zwar ohne Berechtigung)..., so ist es so, als ob er die Menschen alle getötet hätte. Und wenn einer jemanden am Leben erhält, so ist es so, als ob er die Menschen alle am Leben erhalten hätte" (Koran 5,32).
Im Koran ist es Gott, der die Menschen erschafft; die Eltern sind nur Instrumente seiner Schöpfertätigkeit: „Wir haben euch geschaffen. Warum gebt ihr es denn nicht zu? Was meint ihr denn, (wie es sich) mit dem verhält, was ihr (als Samen) ausstoßt? Erschafft ihr es, oder sind (nicht) wir die Schöpfer?"
[...] Die Haltung des Islam zur Frage der Schwangerschaftsunterbrechung hat eine deutliche Entwicklung durchgemacht. In der klassischen Zeit, in der die bis in unsere Tage maßgebenden Rechtsschulen entstanden sind, gründeten diese ihr Urteil auf die damaligen Kenntnisse vom Entstehen des Menschen im Schoße seiner Mutter. Sie gingen davon aus, daß der empfangene Embryo erst nach 120 Tagen zu einem beseelten Fötus und damit zu einem Menschen wird. Daher betrachteten sie nur den Fötus als absolut schutzwürdig, während das werdende Leben vor dem Einhauchen der Seele in Ausnahmefällen bzw. aus einem triftigen Grund geopfert werden durfte.
Ausgehend vom heutigen Stand der ärztlichen Kenntnisse vom werdenden Leben vertreten die modernen islamischen Autoritäten in ihrer Mehrheit eine strenge Auslegung der Bestimmungen der traditionellen Gesetze. Sie treten für die unbedingte Schutzwürdigkeit des werdenden Lebens ein und lassen eine Schwangerschaftsunterbrechung nur in dem Fall zu, wo das Leben der Mutter dadurch gerettet wird. [...]

Aus: Cibedo-Dokumentation, Nr. 11, Frankfurt 1981. Beitrag von Adel Theodor Khoury.

Sexualität im islamischen Verständnis

Die islamische Erziehung ist sehr umfassend und berührt alle Bereiche. Sie hat auf dem Gebiet der ehelichen Beziehungen neue Perspektiven eröffnet und bietet eine sehr nützliche und zweckmäßige Sexualerziehung für Verheiratete, indem sie die Ansichten beider Extrempositionen verwirft. Da sind einerseits die, die Sex als Mittel ansehen, fleischliche Wünsche zu befriedigen, und sich ihm aus purer sinnlicher Lust, Unzucht, Zügellosigkeit und Genußsucht hingeben und so dieser Beziehung Schande bereiten, sie entehren und zum Gespött machen. Und dann gibt es die, die sich vollständig enthalten und jedes normale Gespräch über Sex als sündig und unanständig ansehen. Der Islam hat demgegenüber einen „goldenen Mittelweg" zwischen diesen beiden Extremen vorgeschlagen. Er sagt, daß die eheliche Beziehung weder so sündig ist, daß man vollständig enthaltsam sein sollte, noch daß sie ein Spielzeug ist, so daß man sie zur Quelle von Lust und Sinnlichkeit machen soll und frei mit jedermann sich einlassen kann. Der Islam erlaubt sexuelle Beziehungen innerhalb bestimmter Grenzen und erlegt sowohl dem Ehemann als auch seiner Frau gewisse Verpflichtungen auf.

Aus: Afzalur Rahman: Muhammad. Blessing for Mankind, London: The Muslim School Trust 1979, S. 323.

Nutzung und Bewahrung der Schöpfung

„Dienet eurem Herrn, der euch die Erde zu einer Unterlage und den Himmel zu einem Bau machte, und der vom Himmel Wasser herabkommen ließ und dadurch Früchte als Lebensunterhalt für euch hervorbrachte. Er ist es, der für euch alles, was auf der Erde ist, erschaffen hat."
(Koran, Sure 2, Verse 21, 22, 29)

„Auch hat Er die Herdentiere geschaffen. An ihnen habt ihr Wärme und allerlei Nutzen; und ihr könnt davon essen. Und sie tragen eure Lasten in ein Land, das ihr sonst nur mit größter Mühe hättet erreichen können. Und erschaffen hat Er die Pferde, die Maultiere und die Esel, damit ihr auf ihnen reitet und auch euch zur Zierde."
(Koran, Sure 16, Vers 5, 7, 8)

Dieser Tenor zieht sich durch den gesamten Koran. Alles ist für den Menschen da. Der Mensch steht wie im Christentum über der Schöpfung. […]
Natur, Tiere und Pflanzen sind für den Menschen da, aber erschaffen hat sie Allah. Alles Erschaffene stellt deshalb strenggenommen ein Zeichen Gottes dar. Und alle diese Gotteszeichen stehen über den unerfindlichen Schaffensplan Allahs miteinander in Verbindung. Die Welt befindet sich also im Gleichgewicht. Das soll der Muslim respektieren. Allahs Weltordnung darf nicht gestört werden. In ihr hat der Mensch die Position des Statthalters oder Treuhänders, aber nicht des Eroberers oder Eigentümers. Trotz aller Anthropozentrik [Sicht, die den Menschen in den Mittelpunkt der Schöpfung stellt]: Der Islam kennt keinen Herrschaftsauftrag wie das Christentum.
Natur nützt in islamischer Sicht also nicht nur dem Menschen, sie verherrlicht auch Allah. Sich von den Naturerscheinungen an die Existenz Allahs mahnen zu lassen, ist das Gegenteil der Ungläubigkeit, heißt es im Koran. Wer Natur

zerstört, so könnte man folgern, müßte sich damit gegen den Schöpfer wenden. Tatsächlich klang dieser Gedanke im Islam an, blieb aber theologisch unbedeutend. [...]
Programme für Tier- oder Naturschutz gibt es im modernen Islam bisher nicht. Von einer Umwelttheologie wie im Christentum kann im Islam keine Rede sein. Eine Rolle dabei spielen mag auch der aktuelle Fundamentalismus. Er will zwar einen eigenen Weg zwischen Ost und West und orientiert sich streng am Koran. Gleichzeitig ist er aber sehr technologiefreundlich; Beobachter meinen, vielleicht zu sehr, um auch noch natur- und tierfreundlich zu sein. [...]

© Volker Dumann, Hamburg. Manuskript einer Schulfunksendung (gekürzt).

Zum islamischen Verständnis von Arbeit

1.*Arbeit ist eine Pflicht:* Der Islam macht dem Menschen die Arbeit zur Pflicht, weil sie lebensnotwendig ist, zum Erhalt der Menschheit beiträgt und zu den Erfordernissen der Schöpfung gehört. Die gesamte islamische Gesetzgebung steht im Einklang mit der unversehrten Schöpfung. Gott, der Allmächtige, sagte: „Und suche mit dem, was Gott dir gegeben hat, die künftige Wohnung und vergiß nicht deinen Anteil an dieser Welt" (28,77).
2.*Arbeit ist Gottesdienst:* Jede Art von Arbeit, unabhängig davon, ob es sich um geistige, landwirtschaftliche, industrielle oder kaufmännische Arbeit handelt, wird vom Islam als Gottesdienst betrachtet, sofern sie von aufrichtiger Absicht getragen ist. Der Prophet sagte: „Arbeiten werden nur nach ihrer Intention bewertet und jeder Mensch nach seiner Absicht."
3.*Untrennbare Einheit von Glauben und rechtem Handeln:* Rechtschaffene Arbeit ist Ausdruck des rechten Glaubens. Im edlen Koran ist von „denjenigen, die glauben und gute Werke tun," die Rede.
4.*Arbeit ist Anstrengung im Dienste Gottes (Djihād):* Einer Überlieferung zufolge kam ein Mann zum Propheten. Die Prophetengefährten, die sein Bemühen und seine Ausdauer sahen, fragten, ob dies wohl im Sinne Gottes sei. Der Prophet antwortete: „Wenn jemand sich für seine kleinen Kinder abmüht, so geschieht dies im Dienste Gottes, desgleichen wenn er sich für seine alten Eltern abmüht. Auch wenn er sich für sich selbst abmüht, handelt er im Dienste Gottes. Wenn er sich aber Heuchelei und Hochmut hingibt, steht er im Dienst des Teufels."
5.*Verbot der Bettelei:* Bettelei steht nicht mit der wahren Lehre des Islam in Einklang, denn er ist eine Religion der Stärke und Würde. Deshalb macht der Islam es jedem Menschen zur Pflicht, einem wenn auch noch so einfachen Beruf nachzugehen; denn dadurch hält er sein Selbstgefühl aufrecht und muß nicht betteln.

Syrischer Schulbuchtext, zitiert nach: Ethik der Religionen – Lehre und Leben. Hrsg. von Michael Klöcker und Udo Tworuschka. Band 2: Arbeit, von Monika Tworuschka unter Mitarbeit von A. v. Dijk. Kösel Verlag München und Vandenhoeck & Ruprecht Göttingen, 1985, S. 81f.

▷ Wie werden im Islam die ethischen Verhaltensnormen abgeleitet?
▷ Sind Unterschiede zu den ethischen Grundsätzen anderer Religionen feststellbar?

Krieg und Frieden

Der Begriff „Frieden" *(salâm)* dient im Islam als einer der schönsten Namen Gottes. Wenn die Gläubigen sich treffen oder auseinandergehen, wünschen sie sich gegenseitig diesen Frieden in höchstem Maße. „Im Paradies hören die Seligen kein (leeres) Gerede und keine Versündigung, sondern nur das (Gruß)wort ‚Frieden! Frieden!'" Dieses ursprüngliche Festhalten des Islam an der Idee des Friedens nehmen die, die die Lehre des Koran verleumden, nicht zur Kenntnis. Im Gegenteil, sie behaupten mit einem entehrenden Zynismus, daß der Islam mit seinem „Heiligen Krieg" eine kriegerische Religion sei. Halten wir dazu zunächst einmal fest, daß der Ausdruck „Heiliger Krieg" *(harb mugaddasa)* von diesen Betrügern selbst geschaffen wurde und der arabischen Sprache fremd ist. Der Begriff *jihâd*, den sie mit Heiligem Krieg übersetzen, hat keineswegs diese Bedeutung, sondern bedeutet Kampf, Anstrengung in einem sehr weiten Sinne, denn das Leben ist für den Muslim in jedem Augenblick ein Kampf, eine fortwährende Anstrengung, um die Hindernisse zu überwinden, Ausdauer zu zeigen und die Schicksalsschläge des Lebens zu meistern. Man muß kämpfen, um seine eigenen Bedürfnisse wie die seiner Angehörigen zu befriedigen, um seine schlechten Neigungen zu besiegen und den Sieg des Guten und Wahren über das Böse und Falsche sicherzustellen, das ist der wahre *jihâd (al-jihâd-l-'akbar)*. Nur in einem sehr eingeschränkten Sinne wird der Begriff für den Kampf verwandt, den man führen muß, um seinen Glauben oder sein Vaterland zu verteidigen *(al-jihâd-l-'asghar)*. Es gibt also keinen Heiligen Krieg, jeder Krieg für eine ungerechte Sache ist verwerflich.

Historisch wurde der Ausdruck, den man fälschlicherweise dem Islam zuschreibt, zum ersten Male von einem... exaltierten und seherisch begabten christlichen Mönch gebraucht, der aus Amiens stammt, dem berühmten Pierre dem Eremiten, der 1094 aus Palästina zurückgekehrt, an die Christenheit einen wahnsinnigen Aufruf richtet, nämlich die „heiligen Stätten" von den Türken zu befreien. So durcheilte er Italien und Frankreich und beteuerte „Gott will es". Sein mobilisierender Ausspruch wurde auf dem Konzil von Clermont unter der Führung von Papst Urban II. (1095) aufgegriffen, und mit dem Schlachtruf „Heiliger Krieg den Ungläubigen" führte Gottfried von Bouillon den ersten Kreuzzug (1098) an, der Mitteleuropa und Kleinasien verwüstete, bevor er sich Jerusalems (am 15. Juli 1099) bemächtigte. Was hat der Islam mit dieser Geschichte vom „Heiligen Krieg" zu tun, die nach Voltaires Worten „Italien weinen und Frankreich zu den Waffen greifen ließ"?

Der Islam ist nicht eine Religion des Krieges, der Gewalt, der Aggression oder der Konflikte schaffenden Uneinigkeit. Wenn man ihm aber den Krieg erklärt, dann „hält er sicher nicht die linke Wange hin" und praktiziert auch nicht *satyagraha* [Gandhis gewaltlosen Widerstand]. Im Namen der legitimen Verteidigung schlägt er zurück, um das Gute gegen das Böse zu schützen, die Gerechtigkeit gegen die Ungerechtigkeit und die Würde des Menschen gegen die Erniedrigung, den Mißbrauch und die Provokation.

Man hat gesagt und recht böswillig immer wieder gesagt, der Islam habe sich durch das Schwert in der Welt ausgebreitet. Das ist eine Verleumdung. Der Koran schließt jede Zwangskonversion aus: *„Là 'ikrâha fî-d-Dîn"* (kein Zwang in der Religion) (Koran, Sure 2,256).

46

Der Krieg der Islamischen Republik Iran unter der Führung der schiitischen Ayatollahs gegen den Irak hat die Vorstellung vom Islam als „kriegerischer Religion" wieder verstärkt. – Indes sind die radikalen Schiiten nur eine kleine Minderheit innerhalb des Islam, und ihr politisches Programm ist keineswegs repräsentativ für den Islam. Das Bild zeigt Anhängerinnen der „islamischen Revolution" im Iran 1986 in Teheran bei einer Demonstration ihrer Bereitschaft, für die „heilige Sache" mit der Waffe zu kämpfen und ggf. als „Märtyrerinnen" zu fallen.

Wenn seine Ausbreitung die Folge von Krieg und Gewalt gewesen wäre, wieso kennt er dann heute ohne Schwert ein so erfolgreiches Voranschreiten in der Welt auf friedliche Weise?
Wenn der Begriff *jihâd* trotz anders lautender Etymologie und Semantik aus dem Islam eine Kriegerreligion gemacht hätte, was sollte man dann von Frankreich sagen, dessen Nationalhymne neben anderen Kriegsaufrufen erklärt: „Zu den Waffen, ihr Bürger! Bildet eure Bataillone, damit ein unreines Blut eure Furchen tränkt, usw.", und was soll man vom Christentum sagen, dessen Evangelium Jesus sagen läßt: „Glaubt nicht, ich sei gekommen, den Frieden auf die Erde zu bringen; ich bin nicht gekommen, den Frieden zu bringen, sondern das Schwert" (Bibel, Matthäus-Evangelium Kap. 10, V. 34).
Der Islam lehrt, wie oben erwähnt, daß Gott allein Gott ist, daß es keine Macht und Kraft gibt als in Gott, dem Höchsten und Erhabenen. Der Gläubige muß sich bei seinem Tun, bei seinen Neigungen und seinen Absichten als vom göttlichen Willen im allgemeinen Rahmen eines universellen Determinismus und einer prästabilierten Harmonie bewegt ansehen. Diese Harmonie ist gegründet auf Frieden, Gerechtigkeit und Wahrheit. Der Frieden ist dabei als eine Wirklichkeit zu verstehen, die es zum Wohle der Menschen aufzubauen gilt.
Aus: Cheikh So Hamza Boubakeur, Traité moderne de théologie islamique. Maisonneuve & Larose Verlag, Paris 1985, S. 328–330. Für das vorliegende Heft ins Deutsche übersetzt von Peter Antes.

▷ Hat der Islam in Theorie und/oder Praxis ein anderes Verhältnis zum Krieg als das Christentum oder andere Religionen?

IV. Aktuelle Ausformungen, Ausstrahlungen, Probleme

1. Diskussion um den Schleier und die Stellung der Frau im Islam

Regine Schlett: Flucht aus dem Schleier

Samstag, 3. Dezember 1988
[...]
Stärker als in anderen islamischen Ländern verdeutlicht der „Tschador", der Schleier, im Iran die Rolle der Frau als Opfer wechselnder Herrscherinteressen. Die Schah-Dynastie wollte einen Staat nach westlichem Muster formen. Der Schleier wurde verboten. Was für die in der islamischen Tradition verwurzelten Iranerinnen einen Schock bedeutet hatte, brachte einer Minderheit dennoch ein Stück Emanzipation. Dann richtete Khomeiny einen islamischen Gottesstaat ein, in dem Frauen wieder hinter den Schleier gezwungen werden. Wer gegen den Tschador aufbegehrt, wird verfolgt, ausgepeitscht.
[...]
Der Tschador demonstriert äußerlich, auf welche Rolle die islamischen Gesetze die Frau im Iran reduzieren: Sie ist Dienerin im Gottesstaat Khomeinys, die aufgrund ihrer naturbedingten Ungleichheit den Interessen der Männer ausgeliefert ist, die verwahrt und verhüllt werden muß, um die Sünde einzudämmen.
Und dennoch ist der Tschador auch ein Symbol enttäuschter Hoffnungen. Fariba, die in einer wohlhabenden Beamtenfamilie im Norden Teherans aufgewachsen ist, erinnert sich an die Anfänge der islamischen Moralpolitik: „Das Kopftuch war nicht wichtig. Wir wollten Khomeiny helfen." Vor der Revolution ging Fariba ins Gymnasium – eine Zeit der Hoffnung, der Diskussion. „Ich träumte von einer neuen Regierung, unter der alle Menschen frei sein werden", sagt sie. Auch daß die damals 18jährige keine Kosmetik mehr benutzen sollte, nahm sie widerspruchslos hin. „Ich wollte der Sache dienen." Iranerinnen im Westen teilten ihre revolutionäre Euphorie. Als Khomeiny bald nach der Machtübernahme Frauen aus juristischen Berufen verbannte, „Komitees zur Bekämpfung der Sünde" einrichtete, hielten Faribas Hoffnungen an. Die junge Frau, die inzwischen als Lehrerin arbeitete, sah die Armut im Süden Teherans, abseits ihrer behüteten Welt in der Wohngegend für die gutverdienende Mittelschicht. „Khomeiny", hoffte sie, „wird mehr Gerechtigkeit bringen." Erste Zweifel keimten, als sie merkte, daß Engagement bei Frauen nicht erwünscht war. „Ich hatte die Revolutionswächter um Hilfe für eine meiner Schülerinnen gebeten, die in großer Armut lebte. ,Du bist frech. Zieh' lieber dein Kopftuch richtig auf', fuhren sie mich an, ,du sprichst zuviel für eine Frau.' Das verstand ich nicht."
[...]
Reza Schah, der Vater des 1979 gestürzten Mohammed Reza Schah, hatte schon in den zwanziger Jahren versucht, die iranische Gesellschaft zu modernisieren. Bereits 1928 durften Frauen erstmals – mit der Erlaubnis ihrer Ehemänner oder Väter – unverschleiert auf die Straße gehen. Im Jahre 1936 versuchte dann Reza Schah mit Gewalt, die islamische Tradition zu brechen: jetzt durften die Frauen nicht mehr verschleiert auf die Straße gehen. Doch diese Politik empfanden viele Frauen, die in der islamischen Tradition aufgewachsen waren, nicht als Befreiung.
[...]
Dennoch ermöglichte diese Politik für einen kleinen Teil der iranischen Frauen eine Art Emanzipation. Sie durften sich einigermaßen frei in der Öffentlichkeit bewegen, die Universität besuchen, einen Beruf erlernen. Dennoch blieb bis 1978 in vielen iranischen Provinzstädten die

Iranische Frauen 1985 mit dem Bild des Ayatollah Khomeini, der 1979 im Iran die Macht übernahm. Sie tragen den Tschador, der für die Frauen zur Pflicht erhoben wurde. Verstöße werden streng bestraft.

strikte Trennung der Geschlechter am Arbeitsplatz erhalten. Und in den Kleinstädten wagten sich nur wenige Frauen unverschleiert auf die Straße.

Im Norden Teherans dagegen, in dem eleganten Wohnviertel der Stadt, führte ein kleiner Teil der Bevölkerung ein Leben im westlichen Stil – von der Masse der Bevölkerung argwöhnisch beobachtet.

[...]

Doch was dann unter dem Regime Khomeinys wirklich schlimm wurde, das war die systematische Unterdrückung. Die Frauen, erinnert sich Mina, suchten nach Formen des stillen Protestes. Erotische Unterwäsche fand in ihrem Geschäft reißenden Absatz – eine Form des Aufbegehrens gegen die Verleugnung der Lust durch die islamischen Moralwächter. „Wir wollten unser Frausein beweisen", sagt Mina, „weil wir uns häßlich fühlten." Sie denkt da an die Geburtstagsparty eines Enkelkindes. Da hatten sich die Frauen den Tschador in die Taschen gesteckt – denn wenn ein Fremder an der Tür klingelte, mußte der Schleier eilig übergeworfen werden. Mina sagt: „Wir lebten in ständiger Angst."

Tricks wurden erfunden, um die Moralgesetze zu umgehen, Absprachen wurden mit Freunden getroffen, um bei den Kreuzverhören der Revolutionswächter glaubhafte Angaben zu machen. Doch die ständige Überwachung zermürbte die Kraft. Mina, als geschiedener Frau, wurde nahegelegt, wieder zu ihren Eltern zu ziehen. Eines Nachts wurde sie in der Wohnung verhaftet. Mina erzählt: „Mit dem Stock trieben sie mich wie ein Stück Vieh ins Auto, weil sie keine ‚Unreine' anfassen wollten. Ohne Begründung hielten sie mich fünfzehn Tage lang fest. Ich wurde geschlagen – nur weil ich die Fußnägel lackiert hatte. Die Verhöre begannen meist um vier Uhr morgens. Jedesmal, wenn sie kamen, hatte ich Angst, weil das die Stunde der Hinrichtungen war. Sie warfen mir vor, daß ich nicht wieder geheiratet hatte. Ich bekam keine dringend notwendigen Medikamente gegen meinen hohen Blutdruck."

Ohne Begründung wurde Mina wieder entlassen, ihre Wohnung wurde ständig beobachtet. Minas Mutter brachte die Angst um die Tochter um, einen Monat später starb der Vater. Nach einiger Zeit konnte Mina

mit Hilfe von einflußreichen Angehörigen Iran verlassen. Aus religiösen Gründen aber hatte sie eine Trauerzeit von acht Monaten abwarten müssen. Für die Trauerzeit haben deutsche Behörden kein Verständnis. Minas Antrag auf Asyl wurde abgelehnt mit der Begründung, sie könne nicht verfolgt gewesen sein, wenn sie nach der Verhaftung noch acht Monate in Iran gelebt hatte.
[…]
Seit zwei Jahren lebt die 19jährige nun zwischen deutschen jungen Frauen, die eine ihr bisher unbekannte Freiheit gewöhnt sind. „Es tut mir weh, wenn ich dabei an die Mädchen in meiner Heimat denke, die ihre Jahre verlieren, ohne gelebt zu haben", sagt Mariam. Daß die Freiheit im Westen andere Probleme, beispielsweise in der Partnerschaft, bringt, sieht Mariam auch. Die Scheidungsquote bei iranischen Frauen in der Bundesrepublik ist hoch. Doch die Freiheit bringt immer auch Verunsicherung. Zweifel am persönlichen Lebensweg hätte es in Iran nicht gegeben – die Zukunft war festgelegt. „Ich hätte heiraten müssen", sagt Mariam, „hier habe ich die Chance, über meine Rolle als Frau nachzudenken und meinen eigenen Weg zu suchen. Meine Mutter und meine Tante helfen mir, wenn ich damit Probleme habe." Die enge Familienbindung hilft Mariam in der Bundesrepublik.

Aus: Frankfurter Rundschau vom 3. Dezember 1988.

Rabeah Yalniz: Plädoyer für den Schleier

Das Wort „Pardah" bedeutet Vorhang und Schleier, steht im Islam aber für das islamische Moralsystem, für eine bestimmte Lebensweise. Dieser Aufsatz soll sich vor allem mit dem Schleier beschäftigen, der, da völlig mißverstanden bei Nicht-Muslimen, als *das Symbol* für die angebliche Unterdrückung und Mißachtung der Frau durch den Islam schlechthin gilt. Aber auch Muslime glauben häufig, der Schleier sei kein „Muß", sei überholt, oder in einer so freizügigen Gesellschaft wie der unseren ganz einfach überflüssig. Dieser Aufsatz soll den Gegenbeweis antreten und aufzeigen, warum der Schleier untrennbar mit dem Islam verbunden ist und für uns Ahmadi-Muslime nichts von seiner Aktualität eingebüßt hat.
Das Wort „Islam" bedeutet „Ergebung in den Willen Gottes", was heißt, daß der Gläubige seinen Frieden dadurch findet, daß er seinem Schöpfer gehorsam ist und sich Ihm unterordnet und unterwirft, selbst dann, wenn er den Sinn der Anweisungen des Qurans nicht sofort versteht. […]
Über Pardah schreibt der Heilige Quran in der Sure 24 Vers 32 folgendes:
„Und sprich zu den gläubigen Frauen, daß sie ihre Blicke zu Boden schlagen und ihre Keuschheit wahren sollen, und daß sie ihre Reize nicht zur Schau tragen sollen, bis auf das, was davon sichtbar sein muß, und daß sie ihre Tücher über ihren Busen ziehen sollen und ihre Reize vor niemandem enthüllen als vor ihren Gatten, oder ihren Vätern, oder den Vätern ihrer Gatten, oder ihren Brüdern, oder den Söhnen ihrer Gatten, oder ihren Brüdern, oder den Söhnen ihrer Brüder, oder den Söhnen ihrer Schwestern, oder ihren Frauen, oder denen, die ihre Rechte besitzen, oder solchen von ihren männlichen Dienern, die keinen Geschlechtstrieb haben, und den Kindern, die von der Blöße der Frauen nichts wissen. Und sie sollen ihre Füße nicht zusammenschlagen, so daß bekannt wird, was sie von ihrem Zierat verbergen. Und bekehrt euch zu Allah insgesamt, o ihr Gläubigen, auf daß ihr erfolgreich seid."
Dies wird ergänzt durch den Vers 60 der Sure Al-Ahzab:

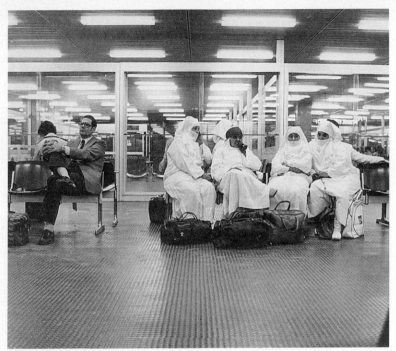

Islamische Frauen in einer Wartehalle eines internationalen Flughafens

„O Prophet! Sprich zu deinen Frauen und deinen Töchtern und zu den Frauen der Gläubigen, sie sollen ihre Tücher tief über sich ziehen. Das ist besser, damit sie erkannt und nicht belästigt werden. Und Allah ist allverzeihend, barmherzig."
Beide Verse enthalten klare Anweisungen über a) die Gründe für Pardah und b) seine Ausführung. Über die Gründe wäre zu sagen, daß sie sowohl spiritueller als auch moralischer Natur sind. Wenden wir uns den spirituellen Gründen zu: Das Lebensziel eines jeden Muslims muß sein, das Wohlgefallen Allahs zu erlangen und sich ihm durch das Streben nach Vollkommenheit zu nähern; Ihm so zu dienen. Wie sich Allah die gläubigen Frauen vorstellt, teilt Er uns unter anderem in der Sure Al-Azhab Vers 36 mit:
„Wahrlich, die muslimischen Männer und die muslimischen Frauen, die gläubigen Männer und die gläubigen Frauen, die gehorsamen Männer und die gehorsamen Frauen, die wahrhaftigen Männer und die wahrhaftigen Frauen, die standhaften Männer und die standhaften Frauen, die demütigen Männer und die demütigen Frauen, die Männer, die Almosen geben und die Frauen, die Almosen geben, die Männer, die fasten und die Frauen, die fasten, die Männer, die ihre Keuschheit wahren, und die Frauen, die ihre Keuschheit wahren, die Männer, die Allahs häufig gedenken, und die Frauen, die Allahs häufig gedenken – Allah hat ihnen Vergebung und herrlichen Lohn bereitet."
Wir fassen also zusammen: Sie sollen gottergeben, gläubig, gehorsam, wahrhaf-

tig, standhaft, Almosen gebend, demütig, keusch sein und Allahs häufig gedenken. Vers 60 der Sure 33 fordert:
„*Sie sollen ihre Tücher tief über sich ziehen..., damit sie erkannt... werden.*"
Das heißt: Eine muslimische Frau soll Schleier tragen, damit sie in der Öffentlichkeit als Muslima erkannt wird. Sie soll sich offen zu ihrem Glauben bekennen und so Standhaftigkeit demonstrieren. Durch den Schleier ist eine muslimische Frau im Westen natürlich in der Öffentlichkeit vielerlei Unannehmlichkeiten und Demütigungen ausgesetzt. Aber gerade dadurch wird der Schleier, speziell also in unserer Gesellschaft, ein Mittel, uns Gott zu nähern. Wir demonstrieren im Schleier, für alle Welt sichtbar, unseren Glauben, denn im Gegensatz zu Schal oder Kopftuch kann er nicht als modische Extravaganz mißverstanden werden. Wir üben mit seiner Hilfe tagtäglich Standhaftigkeit, Gläubigkeit und Demut. Eine verschleierte Frau hat Allah bewußt ihre Eitelkeit, ihren Wunsch zu gefallen, von der Gesellschaft anerkannt zu werden (was auch immer man darunter verstehen mag), und ihren Hochmut geopfert. Sie demonstriert ihre Keuschheit, ihren Verzicht auf das leichte, prickelnde Spiel des Flirts öffentlich.
Somit ist der Schleier auch ein öffentliches Bekenntnis zur Familie. Somit erinnert der Schleier die Trägerin aber auch ständig daran, daß sie Muslima ist, und erleichtert ihr somit die Übungen des Dhikr, des ständigen Betens zu ihrem Schöpfer.
Der Schleier ist also ebenso ein Mittel, größere Nähe zu Allah zu erlangen, wie das Verrichten freiwilliger Gebete oder das Fasten an nicht vorgeschriebenen Tagen. Es ist ein bewußter Akt der Unterwerfung und des Gehorsams.
[...]
Es liegt in der Natur der Sache, daß eine verschleierte Frau weniger sexuelles Interesse erweckt als eine unverschleierte Frau. Eine Frau, die sich verschleiert, übernimmt damit auch ein Stück moralische und spirituelle Verantwortung für ihre männliche Umwelt, indem sie diese daran hindert, vom rechten Weg abzukommen. Der richtig angelegte Schleier signalisiert jedem Mann, daß seine Trägerin ihr Leben Gott geweiht hat und an weltlichen Affairen nicht interessiert ist. [...]
Wir sehen, der Schleier als Bestandteil des islamischen Moralsystems schützt die Reinheit seiner Trägerin und die des (un-)gewollten Betrachters und dient somit dem Schutze der Familie. In der Bundesrepublik Deutschland wird zur Zeit jede dritte Ehe geschieden – bei steigender Tendenz. Diese Zahl enthält nicht die Dunkelziffer der getrennt lebenden Ehepaare, die sich zum Beispiel aus finanziellen Gründen anders arrangiert haben.
Da aber die Familie die kleinste Zelle, der Baustein der Gesellschaft, ist, in der soziales Verhalten geübt wird, muß ein Volk, dessen Familien zerstört sind, ebenfalls untergehen. Der Zusammenhang zwischen den sich ständig lockernden Moralvorstellungen und den ständig ansteigenden Scheidungsziffern ist wohl nicht zu leugnen.

Aus: Rabeah Yalniz, Über den Schleier. Verlag Der Islam, Frankfurt o. J., S. 3-13.

▷ Der Schleier – ein „Symbol der Mißachtung der Gleichberechtigung der Frau", ein „praktischer Schutz vor der Begehrlichkeit der Männer" oder ein „Bekenntnis zu Gott und gottesfürchtigem Verhalten"?
▷ Liberale Vertreter des Islam meinen, aus den von Rabeah Yalniz zitierten Koran-Versen könne kein Gebot für Frauen, einen Gesichtsschleier tragen zu müssen, herausgelesen werden.

Sibylle Thelen: Erfahrungen deutscher Frauen, die zum Islam konvertierten

Träge Haremsdamen, hingestreckt auf Diwanen, geschmückt mit Edelsteinen und kostbaren Stoffen... An Exotik ließ sich das Bild, das man lange in Europa von der Frau im Morgenland zeichnete, nicht überbieten. Erst die Diskussion über die Frauenfrage in unserem Jahrhundert ernüchterte diese Vorstellungen: Die islamische Frau – nun war sie plötzlich ein bemitleidenswertes Geschöpf, patriarchalischen Despoten zur Unterwürfigkeit verpflichtet. Kann man zu dieser Religion konvertieren? Auf 3000 schätzt die Deutsche Bischofskonferenz die Zahl der deutschen Muslime, das Islam-Archiv in Soest kommt sogar auf 50 000. Einig jedoch sind sich beide Institutionen, daß der Großteil dieser Muslime Frauen sind. Die meisten konvertierten nach Angaben der „Interessengemeinschaft der mit Ausländern verheirateten Frauen" (IAF), um ihrem muslimischen Mann oder dessen Familie einen Gefallen zu tun. Einige aber glauben mit Überzeugung an Allah. Wie kamen diese Frauen zum Islam? Wie leben sie mit ihm in dieser Gesellschaft?

Katharina ist still. Schüchtern hält sie sich mit Interpretationen des Koran oder des Hadith (Sammlung der Aussprüche und Taten des Propheten Mohammed) zurück. Zu frisch ist ihre Bekehrung, zu unsicher fühlt sie sich noch in der neuen Glaubenswelt. Eines aber hat die 30jährige Akademikerin aus Stuttgart schon erfahren: Fassungslos berichtet sie über die Unduldsamkeit in ihrer Wohngemeinschaft. „Wie siehst du denn aus!" kommentierten Katharinas Mitbewohner ihren Versuch, sich nach der islamischen Kleiderordnung zu richten und ein Kopftuch umzubinden. Das tat weh: die Erkenntnis, daß man sich mit der neuen Religion zur Außenseiterin stempelt.

„Ich wurde katholisch erzogen. Das Christentum war für mich selbstverständlich. Meine erste Berührung mit dem Islam war negativ: Als Lehrerin erlebte ich türkische Mädchen, die nicht zum Lernen kamen, weil sie im Haushalt so stark belastet wurden. Den Islam lernte ich über meinen syrischen Mann kennen", erzählt Chadidscha. Die Religion begann Chadidscha zu interessieren, nicht nur, weil sie viele christlich-moralische Werte wiederfand. Ihr schien der Islam verständlicher. „Im Christentum hatte ich immer Probleme mit der Dreifaltigkeit gehabt. Der Islam dagegen ist streng monotheistisch. Mir gefielen auch die einfachen Geschichten, um Kindern moralische Werte zu vermitteln. Sieben Jahre befaßte ich mich mit dem Islam, vor vier Jahren trat ich über. Ich hatte Angst, es meinen Eltern zu sagen, ich fühlte mich wie zerrissen. Meine Mutter war erst traurig, doch jetzt hat sie den Eindruck, daß ich ruhiger bin."

Keine dieser Musliminnen konvertierte von heute auf morgen. Viele der Frauen waren früher praktizierende Christinnen, so wie die 37jährige Chadidscha, Mutter und Lehrerin. Die Suche nach dem absoluten Gott führte diese Frauen zu Allah. Der Koran ist Gottes Wort – ein Vorteil gegenüber der von Menschen überlieferten Bibel, sagen sie. Der Islam bietet Regeln, um alle Lagen des Alltags zu meistern, loben sie. Und noch einen Vorteil nennen die Bekehrten: Die Sexualität ist im Islam innerhalb der Ehe kein Tabu wie im Christentum, wo sie ausschließlich zum Mittel zur Fortpflanzung degradiert ist.

„Schrittweise wurde ich zur Muslimin, erst für mich allein, dann erfuhr es meine Familie. Ich versuchte, die fünf Gebetszeiten einzuhalten, zu fasten... Das Kopftuch war der letzte Schritt. Für mich heißt es: Ich stehe zu meinem Glauben. Ich wollte gewappnet sein, um Angriffe der Außenwelt parieren zu können. Deshalb wollte ich erst viel über den Glauben lernen. Meine größte Überraschung war: es kamen keine Angriffe. Natürlich schauen mich die Leute an, wenn ich mit dem Kopftuch durch München gehe, aber ich schaue frech zurück." Ina, die Lehrerin an der Islamischen Schule in München und Ehefrau eines Syrers, scheint jegliche Zweifel überwunden zu haben.

Es kostet Überwindung, in einer Gesellschaft das Kopftuch zu tragen, in der – wie Emine polemisiert – Haarspray kulturell wertvoller ist. Dennoch tragen viele deutsche Musliminnen das Kopftuch. Dabei gilt der Kopftuchzwang als religiöse Pflicht als umstritten. Im Koran ist zwar davon die Rede, daß man sich züchtig gewanden, den Busen verbergen soll. Ein ausdrückliches Schleiergebot jedoch läßt sich nicht finden.

Der Schleier sei byzantinische Tracht gewesen, ohne Bedeutung im islamischen Kulturraum, bis ihn Mohammed seinen Frauen verordnet habe, um ihnen einen anderen Status zu verleihen, argumentieren Kopftuchgegner – auch unter Muslimen. Dann erst habe die Tradition den Schleier zum Symbol der Tugendhaftigkeit zementiert, zum Symbol des Islam überhaupt, so wie der Tschador bei uns mit Rückständigkeit gleichgesetzt wird. Doch wenn eine Konvertitin das schwarze Tuch überwirft, tut sie das freiwillig.

„Die Kleidervorschriften haben mir erst nicht eingeleuchtet", gesteht Eva, eine Muslimin aus Aachen. „Ich war der Ansicht: ein anständiger Mann guckt die Frau nicht an. Doch ich wurde eines Besseren belehrt. Ein Teil des Männerverhaltens ist die Gier. Die Kleidung ist eine Möglichkeit, die Beziehung zu den Männern zu neutralisieren. Heute ist mein Kontakt zu ihnen nicht mehr wie vor 17 Jahren, als ich übertrat. Ich versuche, nicht mit einem Mann allein im Raum zu sein, verberge alles, was den Schmuck einer Frau ausmacht." Eva achtet auf züchtige Kleidung, ist aber dennoch schick. Das Kopftuch, das die Lehrerin auch vor ihrer Klasse trägt, hat sie kunstvoll drapiert. Ihr Mann, ein Ägypter, unterstütze ihre Haltung.

In der Zeit des Propheten war eine emanzipierte Frau keine Seltenheit. Beispiele sind schon zwei der Frauen Mohammeds: Chadidscha, die Kauffrau, in deren Dienste Mohammed als junger Mann trat, oder Alischa, der nach dem Tod des Propheten die Überlieferung eines Großteils des Hadith zu verdanken ist. Beide waren – nach unseren Maßstäben – emanzipiert. Der Islam brachte den Frauen im Vergleich zu früheren Zeiten Verbesserungen. Vor allem im rechtlichen Bereich: das Eigentum seiner Ehefrau beispielsweise ist für den Mann tabu. Sie muß bei Erbschaften berücksichtigt werden – wenn auch geringer als der Mann, der mit seinem Anteil die Familie ernähren muß. Der Mann darf vier Frauen nehmen – vorausgesetzt, er behandelt sie gleich. Andere Punkte stellen die Frau eindeutig hinter dem Mann zurück. So darf er sie ohne Angabe von Gründen verstoßen. Er hat die juristische Vorrangstellung. Vor Gott aber sind beide gleich – Mann und Frau. Auch züchtiges Verhalten wird beiden abverlangt. Die Tradition hat dies jedoch verwischt. Sie billigt dem Mann eine ungezügelte Sexualität zu, die sie der Frau verweigert. [...]

Aus: Frankfurter Rundschau vom 3. 12. 1988.

▷ Welche verschiedenen Gründe können zu einem Übertritt zum Islam führen?
▷ Welche verschiedenen Probleme kann das jeweils mit sich bringen?
▷ Welches Ansehen genießt der Islam in Europa?

2. Islamische Politik

„Der Koran ist unser Programm"

**Wie der politische Islam die moslemischen Nationen aufwühlt/
Von Ahmad Taheri**

[...] Von allem Anfang an war der Islam politisch orientiert. Mohammed war nicht nur der Verkünder einer neuen religiösen Lehre, sondern auch einer theokratischen Staatsidee. Der Islam versteht sich gleichermaßen als „din" und „daula", als „Religion" und „Herrschaft". Die Weltabgeschiedenheit der Sufis, der islamischen Mystiker, gehört ebenso zur islamischen Religiösität wie der „djahad", der Heilige Krieg oder die Revolte gegen den gottlosen, weil ungerechten Herrscher.

Die Umwälzung in der islamischen Welt, die mit Begriffen wie „Renaissance des Islam" oder „Re-Islamisierung" bezeichnet wird, ist nichts anderes als eine Akzentverschiebung zugunsten der politischen Komponente dieser Weltreligion. Diese Verschiebung hat seine Wurzeln in der politischen und kulturellen Entwicklung der islamischen Welt der letzten hundert Jahre.

Im Zuge der Entkolonialisierung entstand zu Beginn dieses Jahrhunderts eine Reihe Nationalstaaten auf islamischem Boden. Sie waren nach westlichem Vorbild organisiert und wurden dementsprechend von westlich ausgebildeten, laizistischen Eliten geführt. Diese machten den Nationalismus – und nach dem Zweiten Weltkrieg einen nicht-marxistischen Sozialismus (Nasserismus, Baathismus) – zur Leitlinie ihres Handelns.

Das vom Nationalstaat erhoffte Heil ließ indes auf sich warten. Die politischen und ökonomischen Abhängigkeiten blieben bestehen oder wurden sogar noch größer. Hinzu kam eine wachsende kulturelle Dominanz des Westens, welche die angestammten Werte und herkömmlichen Lebensformen der moslemischen Bevölkerung zu zerstören drohte. So ist es wenig erstaunlich, daß sich viele Moslems auf das zurückbesannen, was ihr Bewußtsein und ihre Identität am ursprünglichsten bestimmte: auf den Islam.

Ebenso ist es nicht verwunderlich, daß sich diese Rückbesinnung im Zeichen eines politisch motivierten Fundamentalismus vollzog und weiterhin vollzieht. Die neuen islamischen Fundamentalisten sind mit der Verheißung angetreten, mit dem „gottlosen" Status quo aufzuräumen und eine islamische „Civitas Dei" zu errichten, in der den Gläubigen nicht nur das Heil im Jenseits, sondern auch das Glück des Diesseits beschieden ist.

Die erste Möglichkeit für die Errichtung eines islamischen Staates bot sich im Iran. Hier war durch die rasche Industrialisierung und die damit verbundene Landreform in den sechziger und siebziger Jahren ein Millionenheer von landflüchtigen Bauern entstanden, das am Rande der großen Städte in Gettos zusammengepfercht dahinvegetierte. Die Mustazafin, die Ärmsten der Armen, hatten die glitzernde Welt des Pahlewi-Regimes, die Protzsucht der Öl-Parvenüs, die unheimliche Technologie der westlichen Zivilisation nur aus der Perspektive der Mülltonne erlebt. Tief in religiösen Vorstellungen verwurzelt, waren sie mehr als alle anderen Teile der iranischen Gesellschaft empfänglich für die schiitischen Verheißungen einer gerechten und gottgefälligen Welt. Hier fand die islamische Revolution ihre Speerspitze.
[...]

Aus: Die Zeit, Nr. 36 vom 28. August 1987.

▷ Warum konnte die „westliche Zivilisation" mit ihren Werten viele Menschen in den muslimischen Ländern nicht (mehr) überzeugen?
▷ Warum erhielt in dieser Situation besonders die schiitische Richtung des Islam eine solche Überzeugungskraft? (Vgl. auch S. 27).

Aus der Verfassung der Islamischen Republik Iran

Die Islamische Republik ist eine Ordnung, die auf folgenden Glaubenssätzen beruht:
1. Die Einzigkeit Allahs (es gibt keinen Gott außer Allah), seine alleinige Entscheidungsbefugnis und Gesetzgebung sowie die Notwendigkeit der Hingabe unter seinen Willen;
2. Die göttliche Offenbarung und ihre grundlegende Bedeutung für das Formulieren der Gesetze;
3. Wiederauferstehung und ihre maßgebende Rolle beim Entwicklungsprozeß des Menschen hin zu Allah;
4. Die Gerechtigkeit Allahs in Schöpfung und Gesetzgebung;
5. Imamat und seine selbständige, grundlegende und immerwährende Führungsrolle im Fortbestand der Islamischen Revolution;
6. Adel und Würde des Menschen und seine mit Verantwortung verbundene Freiheit vor Allah.

Die Islamische Republik gewährleistet durch Gerechtigkeit, politische, wirtschaftliche, soziale, kulturelle Unabhängigkeit und nationale Zusammengehörigkeit:
a) ständige Neugewinnung der islamischen Vorschriften durch anerkannte islamische Rechtsgelehrte auf der Grundlage des Koran und der Tradition der Reinen. (Der Friede Allahs sei mit Ihnen allen);
b) Nutzung von Wissenschaft, Technik und Fortschritt menschlicher Erfahrungen und das Bemühen, sie weiter zu entwickeln;
c) Ablehnung jeder Unterdrückung und jeder Unterwürfigkeit, jeder Herrschaft und Knechtschaft.

▷ Welche Grundsätze wären in einer westlichen Verfassung nicht denkbar?

Iraner 1984 bei der Feier des 5. Jahrestages der „Islamischen Revolution"

Einheit von Religion und Politik im Islam

Eine Erklärung des Islamischen Zentrums in Hamburg

Die Bewegungen aller Propheten sind revolutionär: zwar verfolgen sie erzieherische und reformerische Ziele, gehen aber darüber hinaus und treten ein für die Beseitigung ungerechter Strukturen: anstelle korrupter Systeme soll eine menschliche Ordnung errichtet werden.
Immer dann, wenn die Ungerechtigkeit ihr Maximum erreicht, treten die Propheten in Erscheinung. Sie öffnen den Menschen die Augen, geben ihnen ein neues Bewußtsein und befreien sie von falschen Vorstellungen. Ihr Ziel ist die Gründung einer neuen, gerechten Gesellschaft. Dafür sind sie bereit zu kämpfen: *„Und was ist mit euch, daß ihr nicht kämpft für die Sache Gottes und für die unterdrückten Männer, Frauen und Kinder, die sprechen: ‚Unser Herr, führe uns heraus aus dieser Stadt, deren Bewohner Unterdrücker sind, und gib uns von dir einen Beschützer, und gib uns von dir einen Helfer'?" (Quran 4,75)*
Die größten Gegner der Propheten sind die ungerechten Herrscher gewesen. Gott schickte jedem Volk einen Propheten mit dem Auftrag, die Übertreter zu warnen:
„Wir haben für jedes Volk einen Gesandten erscheinen lassen (mit der Botschaft: ‚Dienet Gott allein und beseitigt die Tyrannen')" (Quran 16,36)
Die Propheten lehren nicht, sich Gott nur innerlich hinzugeben, sich nach außen aber anderen Menschen und Zwängen zu unterwerfen. Wären sie dann wirklich verfolgt worden, wenn sie nur einen inneren Weg gepredigt hätten? Hätte Nimrod den Propheten Abraham dann ins Feuer werfen lassen oder der allgewaltige Pharao Moses bekämpft? Hätten die Römer die Hinrichtung Jesu geplant und Nero die ersten Christen ermordet?
Die Propheten haben nämlich nicht nur den Weg der „Erleuchtung des Herzens" gepredigt, sie sind ebenso aktiv für die soziale Gerechtigkeit eingetreten. Sie riefen auf die Menschen zur *Dienerschaft des einen Gottes* und befreiten sie von den Fesseln des falschen Gehorsams.

Politik im Quran

Es mag verwundern, wenn wir den Begriff Politik (arab. *sijasa*) im Quran vergeblich suchen. Heißt das aber, daß der Islam nichts mit Politik zu tun hätte? Ein Überblick über das quranische Begriffssystem zeigt, wie sehr hier Glaube und Politik verbunden sind. So finden wir im Quran u. a. die Begriffe Regierung *(hukm)*, Partei *(hizb)*, Führer *(Imam)*, Gemeinschaft *(ummah)*, Autoritäten *(ululamr)*, Verantwortung *(mas'ulah)*, Recht *(hag)*, Pflicht *(taklif)* usw.
Politik wird im Islam als *sinnvolle Regelung* der Angelegenheiten der Gemeinschaft verstanden: die Angelegenheiten des Individuums, seine Beziehung zu anderen Menschen, das Verhältnis zwischen Volk und Regierung und zwischen der islamischen und anderen Gesellschaften sollen im Geiste des Glaubens geregelt werden. Die Prinzipien des Glaubens können ohne politische Ordnung überhaupt nicht verwirklicht werden. Der Quran betont die Bedeutung von Gerechtigkeit, Freiheit und Frieden, ebenso wie die Einhaltung der Menschenrechte, den Kampf gegen Unterdrückung, die Beseitigung sozialer Mißstände und den Widerstand gegen jegliche Form der Ausbeutung. Gäbe es keine politische Ordnung, könnten alle diese Ziele nicht realisiert werden.
Selbst rituelle Gebote wie das Gebet, das Fasten, die Pilgerfahrt beinhalten gleichermaßen eine gesellschaftspolitische Aussage.

Wie anders ist z. B. der Gebetsruf ‚*Allahu Akbar*' – „Gott ist größer!" (d. h. nur Gott gebührt Ergebenheit) zu verstehen, wenn nicht im Sinne des Aufrufs zu einer gerechten Ordnung?

Wie soll die Erfahrung mit dem Hunger im *Fastenmonat Ramadhan* umgesetzt werden, die Hungernden in der Welt von ihrem Leid zu erlösen, wenn nicht über eine gerechte politische Ordnung?

Das Ziel des Islam ist die Vervollkommnung des Menschen. Diese Hinführung zu Gott kann aber nur in einem gesellschaftlichen Rahmen stattfinden, der die Ausübung der „*Hingabe an den einen Gott*" ermöglicht. Die Gesellschaftsordnung soll mit den natürlichen Anlagen des Menschen in Einklang stehen. Politik wird hier nicht im Sinne eines machtpolitischen Taktierens oder der Anwendung von Gewalt verstanden. Politik soll die Verwirklichung des göttlichen Gesetzes garantieren und Harmonie unter den Menschen schaffen.

Islamischer Staat
Der islamische Staat ist aufgebaut auf der absoluten Gleichheit und Verantwortung aller Mitglieder der Gemeinschaft. Die gesellschaftlichen Angelegenheiten sollen miteinander beraten werden. Selbst der Prophet Muhammad (s. a. s.) hat bei vielen Entscheidungen seine Gefährten zu Rate gezogen. Keiner hat das Recht, sich irgendwelche Privilegien zuzulegen, von der Besoldung durch die Staatskasse angefangen bis hin zur gesellschaftlichen Rangordnung. Leistung wird als Erfüllung einer Pflicht gegenüber Gott und den Menschen angesehen. Weder Abstammung, Rang, Position, Geschlecht usw. dürfen zu einem Wertunterschied zwischen den Menschen führen. Jeder Muslim ist für den Islam und die ‚Ummah', die Gemeinschaft der Gläubigen, verantwortlich. Ein Ausspruch Muhammads (s. a. s.) erläutert dies: „*Jeder von euch ist Schützer der anderen, und jeder von euch ist für seinen Schützling verantwortlich!*" […]
Nur wenn die Religion Gottes wieder Einzug in die Politik findet, werden die Menschen gemeinsam die immer bedrohlichere Weltsituation meistern können. Heute gibt es noch keine ideale islamische Ordnung. Doch wird eine solche von allen aufrichtigen Muslimen überall in der Welt angestrebt. Dafür sind sie bereit, Opfer auf sich zu nehmen.

Aus: Einheit von Politik und Religion. Faltblatt des Islamischen Zentrums Hamburg, Schöne Aussicht 36, 2 Hamburg 76 (Muslime im Dialog Nr. 6).

▷ Über die Aufgaben, die der Islam als Religion in der Politik, im Staat zu erfüllen hat, gibt es auch unter den verschiedenen Richtungen des Islam unterschiedliche Auffassungen. Welche Theorie bestimmt die hier vorgetragenen Überlegungen (vgl. auch S. 26/27)?

▷ Auch das Christentum kennt verschiedene Positionen in der Frage nach dem Verhältnis der Religion zur Politik. Drei Textstellen aus dem Neuen Testament hierzu:
„Jeder leiste den Trägern der staatlichen Gewalt den schuldigen Gehorsam. Denn es gibt keine staatliche Gewalt, die nicht von Gott stammt; jede ist von Gott eingesetzt" (Röm 13,1).
„Man muß Gott mehr gehorchen als den Menschen" (Apg 5,19).
„Niemand kann zwei Herren dienen" (Mt 6,24).
Hat es auch im Christentum Versuche gegeben, Religion zur Grundlage der Staatspolitik zu machen? Mit welchem Ergebnis?

▷ Welche Gefahren könnte die Vermischung von Politik und Religion in sich tragen – für die Religion und für die Politik? Gibt es hierfür Belege in der Gegenwartsgeschichte des Islam?

Hamdy Mahmoud Azzam: Ein eigenständiges islamisches Modell der Politik?

Eine große Frage ist immer noch offen: Warum verlangt ein großer Teil der islamischen Massen nach einem eigenen ‚Islamischen Modell', und inwieweit lehnen sie ein westliches Modell ab, nachdem sie die kommunistische Ideologie und ihr System als gegen den Islam gerichtet erkannt haben? Obwohl der Zeitpunkt für die Gesamtanalyse des Phänomens noch verfrüht sein mag, kann man eine Reihe von Gründen oder Motiven schon jetzt erkennen.

Vorweg muß gesagt werden, daß die Ursache nicht in der ‚Konfrontation mit der modernen Technologie' zu sehen ist. Hier sind keine besonderen Gegensätze zum Islam zu erkennen. Die islamischen Völker sind ebenso wie alle anderen Völker der Dritten Welt mit den Problemen der Anpassung an die moderne Technologie, der Modernisierung im Rahmen einer gezielten Entwicklungsplanung und einer Demokratisierung konfrontiert. Wir sehen den Ursprung für eine Ablehnung der vorhandenen Modelle in Ost und West und das Motiv für die Suche nach einem eigenen alternativen Modell islamischer Prägung vielmehr in folgenden Punkten:

- Der größte Teil der Bevölkerung sind gläubige Menschen, für die der Islam nicht nur Religion, sondern auch die kulturgeschichtliche Wurzel ihres Lebens und wesentlicher Bestandteil ihres nationalen Bewußtseins darstellt.
- Dies wird auch nicht durch die Tatsache geschmälert oder beeinträchtigt, daß das Schicksal der islamischen Länder für eine gewisse Zeit in den Händen einer Elite-Gesellschaft westlich-europäischer und linksorientierter Prägung lag. Beiden gesellschaftlichen Richtungen gelang es nicht, diesen wichtigen kulturgeschichtlichen und politischen Bestandteil ihrer Völker zu erkennen; somit verfehlen sie die direkte Beziehung zu den Volksmassen.
- Einwände gegen das westliche Modell richten sich nicht gegen die technischen und wissenschaftlichen Errungenschaften, die bewundert und bejaht werden, sondern gegen das Gesamtpaket mit all seinen Begleiterscheinungen, nämlich:
    a) Dem materiell-atheistischen Aspekt der modernen Wissenschaften, der durch einen geschichtlichen Zusammenstoß mit dem christlichen Abendland entstanden ist, und der aus islamischer Sicht ein rein europäisches Nebenprodukt ist, das nicht unbedingt einen Bestandteil des Fortschritts in den Naturwissenschaften darstellt.
    b) Der undifferenzierten Nachahmung aller Aspekte europäischer Lebensweise ohne Rücksicht auf die traditionellen eigenen kulturellen Werte, was Entwurzelung der Menschen und den Verlust der eigenen Identität bedeutet.
    c) Der Skepsis und dem Mißtrauen gegenüber der Kolonialherrschaft und der nachfolgenden Ausbeutung, die als Begleiterscheinung des modernen europäischen Zeitalters die islamischen Völker schwer traf und ihre Unterentwicklung zur Folge hatte.
    [...]

Was das kommunistische Modell anbetrifft, so sehen die Moslems hierin einen krassen Gegensatz zu ihrer Religion. Sie finden in der kommunistischen Theorie, die ausschließlich auf materiellen Ideologien aufgebaut ist, eine Abwertung des Menschen an sich. Allein die marxistische Feststellung „Religion ist Opium fürs Volk" bedeutet eine klare Absage an die Religion und wird von den Moslems niemals akzeptiert werden können. Die Lehre des Islam, die das Privateigentum schützt und den freien Wettbewerb ermutigt, steht hierin ebenso im Gegensatz zur kommunistischen Ideologie.

[...]

Die islamische Bewegung ist außerdem eine Reaktion auf folgende Fakten:
● Das erprobte westliche Modell ebenso wie der östliche Weg des Sozialismus sind in der angewandten Art als Fehlschlag zu bezeichnen – eine effektive Lösung für die Entwicklungsprobleme, zum Abbau der sozialen Gegensätze, zum Aufbau der Demokratie gab es nicht. Sogar der Zustrom von Milliarden Petro-Dollars half nicht, diesen Zielen näherzukommen.
● Das Gefühl der Bedrohung nationaler Interessen und staatlich-völkerrechtlicher Unabhängigkeit stärkt die moslemischen Abwehrmaßnahmen. Nach der Unabhängigkeit von englischer und französischer Kolonialherrschaft bestehen keine Ambitionen, nun wiederum zu einem Streitobjekt zwischen den gegenwärtigen Großmächten USA und Sowjetunion zu werden. Auch die Tatsache, daß das Nahostproblem immer noch ungelöst und die heilige Stadt Jerusalem ein ständiger Zankapfel geblieben ist, alarmiert die islamischen Massen. Die Besetzung Afghanistans [in den 80er Jahren durch die Sowjetunion] hat die Bedrohung und die Gefahr nur noch weiter erhöht.

Man kann somit feststellen, daß sich in der islamischen Welt zur Zeit drei Richtungen herauskristallisieren.

Die erste sieht eine Möglichkeit im harmonischen Zusammenspiel des modernen technischen Lebens mit den Lehren des Islam vor, sofern man die islamischen Grundwerte als wesentlichen Bestandteil der Gesellschaft betrachtet.

Die zweite Richtung versucht, aus den negativen Erfahrungen der Vergangenheit Erkenntnisse zu ziehen, und strebt ein direktes islamisches Modell an, verbunden mit einer vollen Absage an das westliche sowie das östliche Modell.

Die dritte Alternative schließlich sieht einen sozialistischen Weg, der die wirtschaftliche Misere und sozialen Gegensätze überbrücken und lindern sollte.

Alle drei Richtungen haben aber einen primären Gedanken gemeinsam, nämlich, daß man das religiöse und kulturgeschichtliche Element des Islam und seine damit verbundenen Werte, die sich in vierzehn Jahrhunderten in den Gedanken der islamischen Menschen festsetzten, keinesfalls außer acht lassen kann.

Aus: Hamdy Mahmoud Azzam: Der Islam. Plädoyer eines Moslems. Horst Poller Verlag, Stuttgart 1981, S. 31-34.

▷ Sind eine moderne gesellschaftliche Entwicklung und eine Verwurzelung in religiösen Grundsätzen vereinbar oder sich bekämpfende Prinzipien?

Zum gesamten Heft „Islam":
  ▷ Hat das Heft dazu beigetragen, einen besseren Einblick in den Islam zu bekommen?
  ▷ Bestanden Vorurteile, die durch die Informationen korrigiert wurden?
  ▷ Sehen Sie in der Glaubensgrundlage des Islam irgendwelche Probleme, die ein friedliches Zusammenleben der Muslime mit der nichtislamischen Welt behindern könnten?
  ▷ Gibt es Vorurteile in unserer Bevölkerung gegen Muslime? Was könnte man ggf. dagegen tun?